정의와 도시 (상)

아테네에서 프렌치 카페까지
모여 살기의 풍경

백진 지음

효형출판

백진 지음

정의와 도시

(상)

아테네에서 프렌치 카페까지
모여 살기의 풍경

목차

† 상 †

추천의 글 ·· 6
들어가며 정의, 잊어버린 가치 ······································ 17

하나. 아리스토텔레스의 도시 이야기 ························· 35
둘. 거울의 도시 아테네 ··· 61
셋. 시에나의 캄포, 광장의 영원한 원형 ················· 73
넷. 르네상스의 성곽도시와 운명공동체 ················· 93
다섯. 피사로의 프렌치 카페 ······································ 115
여섯. 타협과 공존의 빈 ·· 137
일곱. 메트로폴리스 방황 ·· 153
여덟. 와츠지의 집 - 황야와 오아시스 ···················· 171
아홉. 박완서의 집 - 기억의 조타질 ························ 187
열. 승효상의 집 - 마당 노스탤지어 ······················ 197

† 하 †

열하나.	헤테로토피아 서울	7
열둘.	모노토피아 서울	29
열셋.	다발성 원형탈모 도시 서울	41
열넷.	통곡의 다리와 동부구치소	63
열다섯.	죽음의 공간과 도시	87
열여섯.	케임브리지의 운전 문화와 자율주행	101
열일곱.	스마토피아와 인간 노스탤지어	123
열여덟.	유토피아와 콜라주	139
열아홉.	효율성의 비효율성	167
스물.	니체의 도시	191

나가며	정의와 도시	213
이미지 저작권		232

추천의 글 1

장하준
런던대학교 경제학과 교수

　10여 년 전, 상파울루에서 100킬로미터 정도 떨어진 캄피나스라는 도시에 있는, '브라질의 MIT'라고도 불리는 캄피나스대학교에서 강연한 적이 있다. 강연을 마치고 나를 초대한 교수들, 그리고 그들과 같이 공부하는 대학원생들과 어울려 일식집으로 향했다.

　잘 알려져 있듯이 브라질에는 20세기 전반에 이민 간 일본인들의 자손들이 200만 명이나 살고 있다. 그들이 집중적으로 거주하는 상파울루주에서는 평범한 가정식 뷔페에도 스시가 기본으로 나올 정도로 일식이 흔하고, 맛이 있다. 우리가 가려던 식당은 대형 쇼핑몰에 있는 고급 일식집이었다. 그런데 자기 차에 나를 태워 쇼핑몰로 데려다주던 대학원생이 지나가는 말로 "거기는 사회의식이 있는 쇼핑몰이에요."라는 게 아닌가? 사회의식이 있는 쇼핑몰?

너무 궁금해서 물어보았다. 대답은 간단했다. 대부분의 쇼핑몰은 대중교통의 접근을 막는데, 그곳은 일반 버스들도 바로 앞에 서게 한다는 것이다. 가난한 사람들이 쇼핑몰에 오는 것을 애써 막지 않으니 사회의식이 있다는 것이다.

흔히 우리가 생각하는 것처럼 불평등은 소득과 재산의 분배에만 있는 것이 아니라 '좋은 공간에 접근할 능력'의 분배에도 존재한다는 생각이 들었다. 그리고 이 능력은 상당 부분은 개인 소득에 의해 결정되지만, 공공정책에 의해 결정되는 부분이 실상 매우 크다는 것을 깨달았다. 그런 생각들을 짚기 시작하니 무심코 지나가거나 인식하지 못했던 사실들이 더 명확하게 보이기 시작했다.

1980년대 중반, 처음 영국에 유학을 왔을 때 그 당시 대한민국에서는 전무하던 공공도서관과 공공체육시설이 가난한 동네에도 세워져 있고, 박물관이나 미술관들은 무료로 들어갈 수 있다는 것이 엄청 부러웠던 기억이 난다. 어지간히 가난한 동네에도 큼지막한 공원이 있어서 운동이나 피크닉도 즐기고, 벤치에 앉아 잠시 여유를 취할 수 있는 공간이 있는 것이 인상 깊었다. 소득 분배 지표만 보면 미국 정도는 아니지만 – 한국과 더불어 – 선진국 중 소득 분배가 가장 불평등한 나라 중의 하나인 영국이, 한국이나 미국보다 훨씬 평등하게 느껴지는 것은 가난한 사람들도 쉽게 접근할 수 있는 '좋은 공간'이 다른 두 나라보다 훨씬 많기 때문이다.

  그 반대의 정점에는 내가 지난 30여 년간 스무 번 이상 방문했던 남아프리카공화국이라는 나라가 있다. 잘 알려진 대로 남아공은 세계에서 가장 불평등한 나라 중 하나다. 1994년에 인종 분리 체제(아파르트헤이트)는 끝났지만, 가난한 흑인들은 대부분 그때 만들어진 '타운십(Township)'이라고 불리는 위성 도시들 – 만델라 전 대통령이 살던 소웨토가 대표적인 예다 – 에 산다. 이 위성 도시들은 요하네스버그, 케이프타운 등 '제대로 된 도시들'에서 멀찌감치 떨어진 데에 세워졌고, 게다가 주요 도시와 연결하는 대중교통은 전무하다. 그런데 일자리 대부분은 '제대로 된 도시들'에 있으니, 위성 도시에 사는 저소득층 근로자는 비싼 돈을 내고, 편도로 3시간 이상 '택시'라고 불리는 미니버스를 타고 출퇴근해야 한다. 소득 분배 지표만 보면 남아공은 브라질보다 조금 불평등한 나라이지만, 이런 공간 접근성을 고려하면 훨씬 불평등한 나라가 되는 것이다.

불평등을 극복하려면 '좋은 공간에 대한 접근 능력'이 중요하다는 것을 끊임없이 생각하고 있었지만, '공간'이라는 문제에 대한 지식과 이해가 부족한 탓에 막연히 지내왔다. 그런데 이번에 『정의와 도시』를 읽으면서 공간과 삶에 관한 개념이 머릿속에 명확히 정리되고, 그에 깔린 철학적 사유를 이해할 수 있게 되었다. 그리고 공간에 매여 있는 존재로서의 인간이 꾸려온 역사가 어떻게 진행되어왔는지 한층 깊게 이해하게 되었다. 이 책 덕분에 나에게 새로운 지적인 지평이 열렸다고 해도 과언이 아니다.

이 책은 수천 년 전부터 인류의 존재 방식과 삶의 질에 결정적인 영향을 미쳐 온 '도시'라는 공간을 이해하고, 어떻게 하면 더 좋은 공간으로 만들 수 있을까 하는, 당연한 듯하지만 대부분의 사람이 고민하지 않는 문제의식에서 출발한다.

어떻게 하면 '정의로운 도시'를 만들까? 다시 말해 어떻게 하면 도시를 서로 다른 경제적, 사회적, 문화적, 정치적 배경을 가진 인간들이 서로 타협하고 공존하는 공간으로 만들까? 이러한 고민을 고찰하는 과정에서 저자는 본인의 전공인 건축학을 넘어 철학, 역사학, 정치학, 경제학, 사회학 등 다방면의 방대한 지식을 통해 진정으로 인간을 위한 건축과 도시는 어떤 것인가를 제시해 준다. 아리스토텔레스, 벤담, 니체, 푸코의 사유와 철학을 통해 도시라는 공간과 인간 사회의 근본적인 의미를 생각하게 한다. 현대 도시의 탄생과 진화에 결정적인 역할을 한 인물 - 프랑스의 루이 14세와 오스만 남작, 오스트리아의 프란츠 요제프 1세, 미국의 자동차왕 헨리 포드 - 에 대한 이야기를 풀어내면서 어떤 도시를 일구느냐에 따라 경제, 정치, 문화가 어떻게 달라지는지 명쾌히 일러준다.

    저자는 공간적으로 그리스 도시국가에서 시에나, 로마, 파리, 베네치아, 뉴욕, 빈, 도쿄, 서울, 싱가포르, 하다못해 영국의 조그만 대학도시 케임브리지까지, 독자의 손을 이끌며 세계 도시로의 여정을 떠난다. 동행한 독자들에게 도시를 새롭게 바라볼 수 있는 시선과 문제의식을 일깨워 준다. 저자는 유명 건축가가 설계한 눈이 휘둥그레지는 건물이나 자율주행을 위한 첨단시설을 갖춘 도시 등 '멋진' 이야기만 하지 않는다. 서울의 골목 상가, 뉴욕의 가난한 이민자 거주지, 덴마크의 공동주거, 일본의 교정시설, 싱가포르 주거지의 봉안당 등, 삶을 지탱하는 근본적 공간이지만 많은 이가 숨기고 싶어 하거나 심지어 없애야 할 것으로 여기는 곳까지 살피며, 삶의 다양한 양상을 품는 포용력 있는 도시를 그려낸다.

시공을 초월하고 다양한 시각을 절묘하게 혼합한 파노라마를 선사하는 『정의와 도시』는 인간이 살고 죽는다는 것은 무엇인가, 정치적 타협과 연대란 무엇인가, 타인들과 섞여서 사는 것이 왜 중요한가, 기술과 인간의 관계는 무엇인가, 진정한 효율성이란 무엇인가 등등 삶의 근본적인 가치와 원리지만 우리가 미처 곰곰이 깊게 생각해 보지 않은 문제들을 새로운 시각에서 바라보게 해 준다.

이 책은 정말 세상을 다시 보게 해 준다. 오랜 생각을 가다듬어 세상에 이런 책을 내놓는 저자에게 주제 넘지만 독자를 대신해 감사하다는 말씀을 드리고 싶다.

추천의 글 2

야마모토 리켄

건축가, 2024년 프리츠커상 수상자

두꺼운 철문이 쾅 하고 닫히는 순간, 세상과 단절된다. '문턱(閾, Threshold)'이 사라진 냉랭한 도시에 우리는 살고 있다. 어떻게 모여 사는 것이 적절한지를 다시 물어야 할 때다. 공존의 감각을 다시 회복해야 할 때다.

고대 그리스의 폴리스, 즉 도시국가에는 두 개의 벽이 존재하였다. 하나는 시민을 운명공동체로 묶어주는 성곽이었고, 또 하나는 개별 집을 둘러싸는 벽이다. 이 두 벽은 두 개의 질서를 의미한다. 자유와 평등을 원리로 돌아가는 공적 공간에서의 삶과 가부장을 중심으로 한 사적 공간에서의 삶이 대립하고 있다. 두 개의 질서, 그리고 두 개의 벽을 만들어낸 고대인들의 사고방식은 흥미롭다. 이 둘 사이의 대립을 해소하고자 그들이 착안한 것 또한 매우 인상적이다. 그들은 공적 공간과 사적 공간을 매개하는 장치를 마련한다. 그것이 바로 중간 영역을 뜻하는 '문턱'이다. 이에 관해 한나 아렌트는 다음과 같이 이야기한다.

"'문턱'은 사적 영역과 공적 영역 사이에 존재하는, 어느 한 쪽으로도 완전히 귀속되지 않는 애매한 공간이다. 이 공간은 두 영역을 각각 보호하는 동시에, 서로를 이어주는 역할을 했다."

고대 도시는 이처럼 바깥도 안도 아닌 중간 영역, 즉 문턱을 갖추고 있었다. 이러한 전통은 18세기까지 지속되었다. 그러나 19세기 산업혁명의 등장과 함께 일변한다. 계층이 부르주아와 노동자로 구분되고, 도시가 생산과 소비를 위한 기지로 변모하고, 효율성이 지상 과제가 된다. 20세기에 이르러는 다시 한번 규모를 훌쩍 키운 거대도시로 변모하였다. 대면을 통해, 그리고 말과 설득을 통해 의사결정이 이루어지던 정치적 공간이 도시에서 사라지고 만다. 안과 바깥이 뒤섞이는 중간 영역, 즉 문턱도 사라져 버린다. 굳은 철문이 쾅하고 닫히면 세상과의 단절이 여지없이 찾아든다. 바깥에는 누군가가 은밀하게 나를 감시하는 보이어리즘(Voyeurism)의 시선이 팽배하다. 문턱이 사라진 도시는 때로는 섬뜩하기조차 하다.

『정의와 도시』는 상실한 공존의 감각을 회복하고 다시금 모여 사는 연대의 이득과 기쁨을 누리고자 갈망하는 이들을 위해 쓰여졌다. 고대의 현자 아리스토텔레스가 말한 도시의 기초 가치인 '정의'와 아테나 여신이 아레오파고스 언덕에 열었다는 법정 이야기로부터 여정은 시작된다. 중세의 시에나, 르네상스 시대의 이상도시, 근대의 파리와 빈, 그리고 현대 서울로 여정은 이어진다. 이 책이 던지는 질문은 제4차 산업혁명의 성과에 매료된 이 시기에 어쩌면 더욱 중요하다. 인간이 왜 도시를 만들어 함께 모여 살기로 마음먹었는지에 관한 이야기를 들려주기 때문이다. 기술 문명의 눈부신 발전 속에서 잊어버리기 쉬운 가치들이다. 저자는 모여 사는 방식을 혁신하는 것과 기술 문명의 발전을 결합하는 것이 진정으로 효율성을 추구하는 길이라고 설파하고 있다.

서울은 아시아를 넘어 전 세계에서 주목받는 거대도시

중 하나다. 서울과 요코하마를 오가며 도시의 미래와 모여 사는 방식의 혁신에 관해 저자와 많은 대화를 나누었다. 아파트 공화국이라 불리는 한국에서, '공동체를 지향하는 공동주택을 어떻게 만들어낼 수 있을까?'를 주제로 스튜디오를 공동 운영하기도 하였다. 젊은 청년들과 함께 주거 전면에 자리 잡은 문턱이라는 중간 영역이 복원되고, 안과 바깥이 보존되면서도 이어지는 도시를 상상해 보았다.

우리가 도시에서 살아가는 이유는 연대의 이득과 기쁨을 누리기 위함이다. 천만 개 파편의 우연한 집적이 아닌, 중소 규모 공동체의 연대와 경쟁을 통해 창의성이 뿜어져 나오는 서울로 변신해 나가기를 기대한다. 이 책은 우리가 지금까지 어떤 방향으로 달려왔는지를 되돌아보고, 나아가야 할 지향점을 다시 짚어준다. 관성적으로 달려온 궤적을 성찰하고, 새로운 방향으로 전환할 수 있도록 이끌어 준다. 문턱이 파괴된 도시에서 살아가는 우리에게 잃어버린 공존의 감각을 되살리고, 오래도록 행복한 모여 살기를 갈망하는 이들에게 영감을 주며 길잡이가 되어 줄 소중한 책이다.

† 일러두기

(1) 화자가 있는 대화, 발췌 문장, 직접 인용은 ""으로
    의미 해석, 강조 표현, 간접 인용의 경우 ''로 구분했다.
(2) 외래어 표기는 해당 언어를 기준으로 삼았다. ex) 플로렌스 -〉피렌체
(3) 일부 인명과 지명의 경우에만 () 안에 첨자를 넣었다.
(4) 이미지 저작권은 책 말미에 정리했다. 다만 퍼블릭 도메인, 저작권이
    명기되지 않은 이미지는 저작권자를 따로 기입하지 않았다.
(5) 단행본은 『』, 예술작품, 극작, 글의 소재가 된 주요 건축물은
    〈〉로 구분했다.

들어가며

정의, 잊어버린 가치

'정의'와 '도시'. 두 단어를 떠올려 보며 스무 개 남짓한 이야기를 만들어 보았다. 많은 이가 의아해할 것 같다. 무슨 상관이 있다고 두 단어를 서로 잇는단 말인가? 정의는 법정에서 따질 일이지 도시를 두고 할 말은 아니지 않은가? 맞는 말이다. 정의와 도시를 잇는 것이 겸연쩍은 시대에 살고 있다. 도시가 만들어지는 방식을 보면 정의와는 정말 무관하기도 하다. 권력자의 뜻대로 만들어지거나 변형되는 것이 도시 아닌가?

3.6킬로미터의 직선 축을 따라 전개되는 240만 평이라는 광활한 규모의 베르사유 정원을 만든 바로크 시대의 절대군주 루이 14세는 현대 파리의 토대를 닦은 인물이다. 자신을 대적할 자가 세상에 더는 없다는 걸 깨닫고 선조가

만들어 놓은 성곽을 과감하게 부순다. 그 자리를 따라 직선으로 쭉쭉 뻗어 나가는 불바르라고 불리는 대로를 낸다. 파리의 '그랜드 불바르'라는 길들이 이때 탄생한다.

 도시는 자본의 논리를 따라 조작되기도 한다. 21세기 신자유주의 시대를 맞아 신종 마천루가 우후죽순 들어선 뉴욕 맨해튼이 좋은 예다. 1930년대에 세워진 〈엠파이어 스테이트 빌딩〉과 〈크라이슬러 빌딩〉, 그리고 1970년대에 세워진 〈세계무역센터〉는 맨해튼 스카이라인의 터줏대감들이었다. 면면히 이어질 것 같던 스카이라인에 2010년대에 이르러 극적인 변화가 일어났다. 구름이라도 뚫으려는 듯 젓가락처럼 날씬한 몸체를 한 초고층 콘도미니엄이 나타나 40여 년간 변함없던 스카이라인에 변주를 주었다. '억만장자의 길'이라고 불리는 57번가를 따라 동쪽으로 이동하면 98, 90, 84, 85층에 이르는 일명 '연필 마천루'들이 자웅을 겨루고 있다. 53번가에도 77층의 마천루가 서 있다. 크리스티앙 드 포르잠파르크, 라파엘 비뇰리, 장 누벨, 아드리안 스미스 등 세계 최고의 건축가들이 솜씨를 뽐낸 것이다. 스미스는 세계 최고층 건물인 두바이의 〈부르즈

할리파〉를 설계한 건축가로, '억만장자의 길'의 최고층 건물인 〈센트럴 파크 타워〉를 디자인하였다. 이 건물들은 모두 경이롭다. 단순히 고층이라서가 아니다. 바닥면적이 지극히 좁은데도 어마어마한 높이를 자랑한다. 홀쭉한 몸에 상상을 초월하는 높이로 지어졌다. 바닥 폭과 높이의 비례가 자그마치 1대 24에 이를 정도다. 폭은 줄이되 높이는 최대로 올리는 극한을 향한 실험의 결과물이다. 넓고 높은 스테인드글라스를 통해 쏟아져 들어올 신비로운 빛으로 충만한 성당을 상상하며, 기둥의 폭은 더 가늘게, 그러나 천장은 더 높게 확보하고자 극한의 경쟁을 펼쳤던 13세기의 석공들이 생각난다. 센트럴 파크에 바로 맞닿아 있지는 않지만, 그래도 공원의 아름다운 전경을 담아내려는 열망을 담다 보니 극한의 비례를 지닌 마천루가 등장한 것이다. 운무를 뚫고 솟아올라 주변 공원의 절경을 거실에 담아내면 1천3백억 원짜리 콘도가 탄생한다. '센트럴 파크'에 붙어 있지 않으면서도, 당당하게 '센트럴 파크 타워'라고 이름을 지을 수 있는 것도 이런 이유다.

멀리 갈 것 없이 한국에서 벌어지는 일을 보아도 정의와 도시를 잇는 일은 가당찮은 것 같다. '싸우면서 건설하자'라는 1930년대 만주국의 구호를 길거리에 내걸고 서울을 파헤치기 시작한 1960년대부터 그야말로 가열차게 달려왔다. 10년이면 강산이 변한다고 하긴 했다. 수년 만에 농토를 갈아엎고 산을 깎고 최신 인프라를 인입하여 뚝딱 만들어지는 첨단도시의 모습은, 삶이 항상 일정 기간이 지나면 완벽한 백지상태에서 다시 시작된다는 환상마저 심어준다. 팔을 억척스럽게 걷어붙이고 앞장서서 종교적 가르침인 무상(無常)의 원리를 실천하고 있다. 영원한 것은 있을 수 없고 퇴락하고 폐허가 된 것은 새로운 수혈이 필요하다는 것은 당연하다. 하지만 생기를 불어넣는 수혈이 아니다. 버젓이 사람 사는 곳인 기존 시가지의 숨통을 끊어놓으려는 듯 벌판에 신도시를 급조하는 대체의 역사가 반복된다. 강산이 지각 변동하는 충격의 연속이 진부한 일상이 되어버렸다. 첨단이라는 이름을 내단 신도시들이 급조될 때마다 공적인 정보를 사적으로 활용하여 막대한 부당이득을 취하는 경우도 많다. 스마트 신도시의 그림 속에는 문명의 이기는 가득하나 교정시설, 장애인 학교, 화장장, 봉안당, 묘지 등 삶의 진실을 직시하는 시설은 철저하게 배제되어 있다. 잉태부터 누군가에, 어딘가에, 무언가에 차별을 강요하는 비정의의 도시다.

  사실 21세기의 도시를 두고 정의라는 가치를 언급하는 것 자체가 처음부터 번지수를 잘못 짚은 일인지도 모른다. 어느 순간 도시 규모가 엄청나게 커져 버렸다. 운명공동체라는 느낌을 상실한 채 각자 파편처럼 살아가는 곳이 거대도시다. 스펙터클이 신기루처럼 떴다가 사라진다. 엘리베이터와 에스컬레이터가 쉴 틈 없이 사람과 상품을 실어 나르며 공간 이동을 반복하는 쇼핑몰의 풍경, 토요일 오후면 주체 못할 정도로 밀려 나온 차량에 주차장으로 변모한 곳곳의 광로, 할인 행사를 벌이는 대형 마트의 주차장으로 진입하고자 수백 미터를 줄지어 선 차량, 축제를 즐기고자 어디선가 모여든 수만의 인파, 광장을 가득 메운 거대한 응원전 - 모두 거대도시에서 파고처럼 나타났다가 사그라드는 스펙터클이다. 도시가 문제없이 돌아간다는 것 자체가 자그마한 기적이다. 각별히 중요한 임무는 도시를 무탈하게 돌리는 것이다. 이런 판국에 정의를 이야기하는 것은 뜬금없다. 정의라는 것이 거대한 도시 운용에 도대체 무슨 효용이 있단 말인가?

 굳이 따지고 보면 도시의 모양새가 이렇게 만들어진 것이 내 책임도 아니다. 태어나고 보니 인구 천만이 거주한다는 대도시였다. 새벽 5시 30분 기상해 단장을 급히 끝내고 마을버스, 전철, 지옥철에 차례대로 몸을 실어 시청역으로 정신없이 내달린다. 2호선을 내리자마자 거대한 급류를 만난다. 빼곡한 인파에 속절없이 떠밀려 가다 보면 3호선 플랫폼이다. 이미 콩나무 시루인 걸 알면서도 안면 몰수하고 전사처럼 돌진해 들어가 발 디딜 틈을 만들어낸다. 금요일 밤의 테헤란로, 모퉁이 하나만 돌면 목적지인데 한 시간 가까이 움직이지 않는다. 매일 같이 비타민제를 챙겨 먹어도 피곤이 풀리지 않고 오히려 누적된다. 그래도 당연한 운명처럼 받아들이며 살아왔다. 정해진 것이니 불평하지 않고 그저 살아가면 되는 것 아닌가?

 하지만 도시라는 무대 위에서 모여 살아가는 것은 초월자로부터 뚝딱 주어진 운명의 장난이 아니다. 인류의 역사를 돌아보면 우리는 어느 순간 모여 살기로 했고, 그 결과

도시를 만들기로 마음먹었다. 가족에서 씨족으로, 그리고 씨족에서 부족으로, 또다시 타 부족과 연대하여 살겠다고 우리가 언젠가 고민 끝에 선택한 것이다. 낯선 이들과 모여 살기로 한 선택! 수천 년 쌓인 지층의 맨 아래쪽에 묵묵히 자리한 진실이다. 두꺼운 먼지를 수천 번은 털어야 겨우 드러날 정도로 까마득한 옛일이니 무슨 뚱딴지같은 소리를 하느냐고 반문하여도 그리 탓할 일은 아니다. 더구나 21세기 거대도시의 스펙터클은 화려하고 자극적인 감각의 마력을 한껏 발산하며 '왜 우리가 모여 살기로 결정하였을까?'와 같은 질문을 소거해 버린다. 고루하게 먼지 속이나 뒤집는 시대착오적인 불용품으로 전락시킨다. 입이 떡 벌어지는 극상의 선명한 색채와 형상이 쉼 없이 뛰노는 수십 미터 높이의 디지털 모니터를 배경으로 수직, 수평, 대각선 방향으로 쉴 새 없이 움직이며 허공을 가르는 인간 군상의 스펙터클! 총기 넘치는 지성인도 사방에서 돌진해 오는 역동적이고 자극적인 감각의 진격을 버티어내기 어렵다. 감각의 향연은 역으로 신선한 것이 죄다 사라져 버린 권태감이 짙게 스며든 감각의 동면(冬眠)으로 이어진다. 시간의 파고를 거슬러 올라가며 근원을 묻는 사유를 상실한 휴먼 개체로 살아가도록 매일 포섭당하고 있다. 이런 개체들이 모여 사는 거대도시의 풍경을 루이스 멈포드는 섬뜩할 만큼 생생하게 묘사하였다.

"첫 번째로 눈에 들어오는 것은, 타인의 운명에는
아무런 관심이 없는 이방인으로 살아가는,
이미 넘쳐나는 안락함을 더 쌓고자 끊임없이 매진하는,
동일한 그리고 동질의 개별자로 구성된 인간군상이다."

원래 정의와 도시라는 두 말은 동전의 앞뒷면처럼 서로 떼려야 뗄 수 없는 말이었다. 일면식 없는 이들이 모여 살며 연대가 깨지지 않고 지속되려면 정의라는 원리가 근저에 작동하고 있어야 한다. 민주주의의 요람 아테네와 공화정을 실행한 로마의 기본 가치는 정의였다. 중세 시에나도 그러하였다. 르네상스 시대의 이상적인 성곽도시는 폭군이 다스리는 정치체제 대신 공화정을 염두에 둔 것이었다. 바로크 시대에 절대군주가 등장하면서 정의는 도시와 다시 멀어진 것 같다. 하지만 곧이어 시민사회가 도래하면서 군주, 귀족, 자본가, 노동자 등이 공존할 방도를 찾아가는 것이 도시의 모양을 바꾸는 중요한 동기가 되었다. 신자유주의의 파고가 드센 21세기에도 연대를 유지하며 어울려 살아가는 데에 정의는 여전히 유효한 작동 원리다. 마이클 샌델 교수는 『정의란 무엇인가』에서 학교, 도서관, 시청, 동사무소, 체육관 등 공공시설의 질을 높이는 것이 21세기 도시가 신자유주의의 파고를 넘어 오래도록 행복한 공동체를 구현하는 길이라고 적었다.

　이 책은 우리가 왜 도시를 만들어 모여 살게 되었는지, 오랫동안 행복하게 모여 살기 위해서는 어떤 원리가 중요한지, 그리고 행복하게 모여 사는 풍경은 어떤 모습인지를 생각해 보며 쓴 글을 모은 것이다. 아테네의 아레오파고스 언덕, 시에나의 캄포 광장, 베네치아의 산 마르코 광장, 빈의 링슈트라세, 파리의 몽마르트르가, 싱가포르의 주거지에 자리한 봉안당 등을 여행하면서 접했던 것들이 큰 밑천이 되었다. 이 책에 직접 담지는 않았지만 근 일 년 동안 머무르며 둘러보았던 도쿄의 닛포리 일대도 영감을 주었다.

대한민국이 만들어낸 기적의 문명 도시, 서울에 대해 생각해 보는 것 또한 빼놓을 수 없었다. 헤테로토피아, 모노토피아, 다발성 원형탈모라는 말을 빌려 서울의 현재와 미래를 상상해 보았다.

몇 권의 책도 도움이 되었다. 아리스토텔레스의 도시의 기원에 관한 이야기와 샌델 교수의 정의에 관한 이야기가 영감을 주었다. 현대인이 금과옥조로 여기는 프라이버시(Privacy)는 공적 영역과의 연결고리가 끊긴 결핍(Deprivation)과 불완전함을 의미하며, 자폐적 영역을 정당화하는 근거가 아니라 오히려 타인과의 연대를 지향하는 열망의 동인이라는 아리스토텔레스의 지적은 신선하였다. 샌델 교수는 다수의 계량적 이익을 위해 개인의 권리를 희생하는 것을 정당화하는 공리론과 개인의 책임과 무한 자유를 강조하는 천부인권론의 문제점을 지적한다. 그의 이야기를 들으며 '과연 두 입장 사이에서 균형을 찾는 것이 불가능할까?'라는 질문이 생겼다. 자유주의와 공리론, 개인주의와 공동체주의를 늘 대립적으로 보는 시각은 정당할까? 공동체로부터 이탈하는 것만이 자유일까? 사실 이론으로만 가능한 순수 중성의 허구적 개인을 상상하지 않는 한 이런 대립 구도는 기만적이다. 우리는 항상 구체적으로 누구이고, 무엇이며, 어디엔가 자리 잡고 서 있다. 나를 나로 만드는 특정한 조건들이 나도 모르는 사이에 부여되어 있다. 이 구체성이 바로 너와 다른 나, 즉 개인의 존재를 담보한다. 이 조건들을 따라가다 보면 - 샌델 교수는 이 과정을 '이야기하기'라고 부른다 - 우선은 아버지와 어머니를, 더 나아가 살던 동네와 사람들을 발견하게 되고, 그들이 살던 곳의 풍토와 역사에 다시 주목하게 된다. 어떤 하찮은 것이라도 나를 나로 만드는 이야기가 깃들어 있다.

나를 특별한 개인으로 만드는 것은 공동체를 부정할 때가 아니라 오히려 공동체 안에 설 때다. 공동체와 마주 선 개인, 그리고 공동선의 정립에 기여하는 창의적이고 능동적인 개인은 이 순간에 등장한다. '무엇을 하는 것이, 그리고 어떤 행동을 하는 것이 공동체의 운명을 결정하는 데에 적절한가'라는 질문을 던지는 개인이다. 샌델 교수가 비판하는 신자유주의의 이념을 신봉하는 개인과는 다르다.

1968년 3월 18일, 캔자스대 연설에서 로버트 케네디 의

원이 언급한 것도 같은 맥락이다. 그는 현대 사회가 직면한 문제는 빈곤의 타파만이 아니라고 이야기하였다. 만족 자체를 모르는 '마음의 가난함' 역시 해결해야 할 과제라고 지적하였다. 마음의 가난함이 끝 모를 사유화의 욕망을 낳고 특정 인종과 계층에게는 오아시스이지만, 다른 이들에게는 접근이 차단된 폐쇄형 시설이 가득한 도시를 낳는다. 공동체와 공동의 선에 대한 전망을 상실한 개인들이 모여 사는 사회에서 등장하는 문제다. 안타깝게도 케네디 의원은 석 달 후 로스앤젤레스의 한 호텔에서 살해당하고 만다. 존 에프 케네디 대통령과 마틴 루터 킹 목사의 암살, 흑백 갈등, 베트남 전쟁, 여성 인권 운동 등 격동의 1960년대 미국이 낳은 또 하나의 비극이다. 다양성을 인정하는 포용적 공동체를 상상한 케네디 의원이 대통령이 되었다면 미국은 어떤 나라가 되어 있을까? 계층, 인종, 학벌에 따른 폐쇄형 시설과 단지가 아닌 개방형 동네에 높은 질을 가진 공공시설의 설립을 호소한 샌델 교수의 주장은 사유화의 욕망이 지배하는 도시를 혁신하고자 꿈꾸었던 케네디 의원의 꿈을 이어 가고 있다.

도시를 생각하다 보니 빅데이터와 인공지능 – 이 분야에 대해서는 문외한이지만 – 등 제4차 산업혁명의 기술적 성과가 지닌 의미에 대해서도 고민할 수밖에 없었다. 이족보행을 하며 인공지능을 탑재하고 인간처럼 손발을 놀리는 휴머노이드의 탄생에 모두가 열광하고 있다. 달걀을 조심스럽게 집어 프라이팬 가장자리로 가져가 툭툭 쳐서 깨고 조리한 후, 접시 위에 예쁘게 담아내고 카운터 위에 사뿐히 올려놓는 휴머노이드의 모습은 경이롭다.

이 책은 크게 두 가지 질문을 던진다. 하나는 '휴머노이드는 달걀을 돌멩이로도 볼 수 있을까?'다. 이게 무슨 질문이냐고 의아해할 것 같다. 결론부터 이야기하자면 인간은 휴머노이드보다 연산력, 추리력, 정보력, 체력은 떨어지지만, 세상을 보는 방식만큼은 독창적이다. 인간은 상황이 바뀌면 덩달아 변화하는 사물의 의미를 역동적으로 읽어 낸다. 휴머노이드 앞에 선 세계는 의미가 고정된 사물의 집합이다. 하지만 인간 앞에 펼쳐진 세계는 다르다. 의미가 고정되어 있지 않고 유동적이다. 인간은 A가 어쩌면 B가 될 수도 있는 은유의 눈으로 세계를 바라본다. 본문에서는 달걀과 돌멩이를 예로 든다. 은유라는 눈으로 세상을 바라보는 인간에게 도시란 어떤 곳이어야 할까? 메트로폴리스의 구원자로 대접받았던, 그리고 은유, 신화, 예술을 사랑하였던 니체의 이야기를 따라가며 이런 질문을 던져 본다.

또 하나의 질문은 '제4차 산업혁명의 효과를 어떻게 극대화하여 보다 행복한 공동체를 구현할 수 있을 것인가?'다. 기술적 성과가 진가를 발휘하기 위해서는 우리가 만들어 온 도시, 즉 모여 살아온 방식을 되돌아보고 바꾸어 나가는 일도 뒤따라야 한다. 도시의 변혁 없이 제4차 산업혁명의 기술을 활용하는 것은 상업주의를 고도로 지능화하며, 공간에 각인된 차별, 데이터 편향성, 데이터 제어 및 조작, 디지털 소외 문제를 더욱 심각하게 만들 것이다. 현상을 고착화하고, 그 안에서 파생되는 문제를 푸는 데에 급급할 뿐, 근본적인 답을 얻지는 못할 것이다. 효율적이라고 생각하고 일을 벌이겠지만, 당장 눈앞에 닥친 문제를 그저 덮을 뿐이다. 지나 보면 비효율적인 것으로 드러나는 경우도 다반사다. 효율성의 배반이라는 뼈아픈 철퇴를 맞는 것이다.

이 책은 도시공간을 변혁하고 공동체를 다시 짜며 이 기반 위에 제4차 산업혁명의 성과를 접목하는 것을 꿈꾼다. 우리가 만들어 온 도시를 되돌아보고 앞으로 어떤 방향으로 바꾸어 나갈 것인지, 그리고 새롭게 만들어 갈 도시 이미지에 대한 희망의 싹을 틔우는 것이 목표다. 도시공간과 공동체 구조의 혁신은 비효율적인 일처럼 보일 수 있지만, 사실은 궁극의 효율성을 가져오는 길이다. 오래도록 지속 가능한 효율성의 기초를 다지는 일이다.

도시에서 살아가는 사람이라면 누구나 좋은 도시란 어떤 모습이어야 할지 한 번쯤은 고민하지 않을까 싶다. '원래 도시는 이런 것이야!'라는 수백 년 묵은 관성을 깨고 상상력을 발휘하여 살아 보지 못한 다른 형태의 도시를 그려 보기도 한다. 인류의 미래를 책임질 수 있다는 자신감이 넘쳐 무작정 실행에 옮긴 더 라인이 그런 예다. 화려한 이미지, 천문학적인 자본력, 혁명적인 신기술이 총동원되고 있다. 이 책 역시 새로운 도시를 상상한다. 하지만 방향은 다르다. 오래도록 함께 살아갈 만한 도시를 생각해 보는 것이 주제다. 이미지, 자본력, 신기술을 앞세운 현대 도시에서 별로 언급되지 않는, 어쩌면 까마득한 태곳적 이야기라고 비판받을지도 모를 정의라는 말을 화두로 삼고 출발한다. 시인이자 건축가인 이상은 도쿄를 방문하고 적잖이 실망한 나머지, 굽 높은 구두를 신고 달그락 소리를 내며 긴자거리를 걷는 이들을 카인의 말예(末裔)라고 불렀다. 그리고 이들에 대해 "이미 별을 잊어버린 지 오래된 자들"이라고 적었다. 무슨 별을 잊어버렸단 말일까? 화려한 문명의 도시를 만들어 온 도정에서 잊어버린 별은 도대체 무엇일까? 나는 그 별 중 하나가 정의라고 생각한다. 새로운 도시의 풍경은 진부한 일상의 궤적과 편견을 뒤흔들어 틈새로 올라오는 세상의 신비로운 이면을 살포시 드러낸다. 파편처럼 유리되었던 공간과 공간이 이어지며, 무엇보다도 폐쇄회로 속을 반복적으로 오가느라 단절되었던 사람과 사람이 다시 연결된다. 정의라는 화두를 따라가는 여정 속에서 이런 생동감 넘치는 일상을 품은 도시의 청사진이 그려지길 기대해 본다.

하나.

아리스토텔레스의 도시 이야기

　호모 사피엔스가 가는 곳마다 멸살의 기운이 따라다녔다. 호모속의 다른 종들이 모두 사라졌다. 네안데르탈인, 데니소바인, 호모 플로레시엔시스, 호모 날레디, 호모 루소넨시스가 지구상에서 자취를 감추었다. 대형동물도 같은 운명을 피하지 못했다. 털복숭이 매머드, 거대 지상 나무늘보, 디프로토돈, 털북숭이 코뿔소까지 죄다 멸종했다. 야생에서 살던 동물들이 유순한 개, 양, 염소, 황소, 말로 길들여졌다. 경작지를 조성하고 거름을 만드느라 불을 피워 식물을 죄다 태워버렸다. 다른 종과 속을 가차 없이 말살하는 잔인한 패권자의 면모가 배어난다. 호모 사피엔스의 멸살 유전자는 여전히 살아 있다. 다르푸르에서 벌어지고 있는 일이 좋은 예다. 지구온난화로 아프리카 몬순이 극도로 건조해지면서 이슬람계 유목민들과 토착 농경민들 사이에 살육이 벌어지고 있다. 우물이 마르고, 경작지가 깔깔한 모래바람에 황폐해지고, 풀이 메말라 가축들이 죽어갈 때 서로 살육하는 야만주의가 성큼 내려앉은 것이다. 짐승과 다름없이 어슬렁거리며 누군가의 터전을 빼앗고, 생존을 위한 먹잇감을 찾는 약육강식의 세계다. 기후변화가 가져온 사막화 앞에 적대적 약탈을 위한 유랑은 이어진다. 자연은 아무것도 내주지 않는다. 뜨겁고 거칠고 깔깔한 판 위에 서 있으니 끊임없이 돌아다녀야 한다. 호모 사피엔스의 유랑적 야만성이 다시 일깨워진다.

 다행히도 호모 사피엔스가 벌인 일은 잔인한 패권자의 끝없는 야만적 횡포만은 아니었다. 다른 종과 대형동물이 사라지고 야생동물을 길들이고 황야를 농지로 바꾸니, 어느샌가 주변에 호모 사피엔스만 남은 것을 보고 동료애가 발동한 것일까? 아니면 수십만 년 진화의 끝자락에 드디어 새로운 정신의 혁명을 이루어낸 것일까? 물론 멸살을 행할 때도 동료와의 목숨을 건 끈끈한 연대가 숨어 있다. 사냥을 한다고 치자. 혼자서 싸우면 백전백패다. 짐승의 별미가 되고 만다. 덫을 만드는 이가 있고 바람잡이가 있고 창을 던지는 이가 있다. 무엇을 잘하는지 못하는지를 파악하고 역할을 분담하여 연대하는 것이 성공 확률을 높이는 길이다.

호모 사피엔스가 실행한 연대의 가장 빛나는 순간을 들라고 하면 그것은 바로 도시가 탄생하던 때다. 도시는 연대가 낳은 최고의 산물이다. 사냥꾼으로 살든 농경인으로 살든, 모두 씨족을 기반으로 한 연대였다. 도시가 특별한 이유는 씨족을 넘어선 연대의 산물이기 때문이다. 마을처럼 생물학적 혈연관계에 뿌리를 두고 만들어진 연합체와는 다르다. 마을과 마을, 부족과 부족 간의 연합이다. 피 한 방울 섞이지 않은 낯선 타자를 동반자로 포용하는 것이다. 피비린내 나는 살육을 통해 억지로 묶인, 폭력을 통해 유지되는 강제적 연대가 아니다. 부족과 부족 간 자발적 연대를 통해, 그리고 공적 중재라는 제도를 통해 유지된다.

그리스에서 기원전 12세기경 등장하여 기원전 6세기 무렵 반듯한 형태로 다듬어진 도시국가가 좋은 예다. 특히 아테네가 걸어간 길은 놀랍다. 과두제, 귀족제, 세습제를 버리고 민주주의의 길로 들어섰다. 이런 진보 과정에서 큰 역할을 한 것은 클레이스테네스가 혈연과 지연을 넘어 단행한 공동체 구조의 개혁이다. 당시 아테네 일대에는 150여 개의 씨족이 흩어져 살고 있었다. 클레이스테네스는 아테네 일대를 위치에 따라 도심지, 언덕, 해안가로 나누고 각 지역을 다시 열 개의 소지역으로 구분하였다. 그러고 나서 신의 한 수를 던진다. 도심지에서 한 곳, 언덕에서 한 곳, 해안가에서 한 곳을 뽑아 이들을 하나의 공동체로 묶은 것이다. 이런 묘안을 통해 아테네는 열 개의 공동체로 구성된 도시국가로 재탄생한다. 서로 다른 공동체가 연합하는 방식으로 도시국가를 재편하였다는 사실이 흥미롭다. 각 공동체 역시 혈연과 지연으로 통일된 획일적인 집단이 아니다. 여러 씨족이 섞여 있고 도심지, 언덕, 해안가 출신 시민들이 어우러져 지연과 혈연을 이미 초월한 것이었다. 이는 솔론의 정치 혁신 이후에도 여전한 지연과 혈연에 매인 파벌적 정치를 해결하려는 묘수였다. 공동체별로 의원, 배심원, 공무원을 선출하여 내보내는 제도를 운영하였다. 이미 공동체 내부에서 균형 잡힌 사고를 하는 인물들이 자라나고 그런 인물들이 공직에 나설 수 있는 체제를 만든 것이다. 마라톤 전투의 승리를 기념하는 레이스에 출전할 선수의 선발, 판아테나이아 축제에서 공연할 가수와 무용수의 선정, 디오니소스 축제에서 상연할 연극을 후원할 가문의 배정, 살라미스 해전에서 시민군을 이끌 지휘관의 임명도 모두 이 공동체 단위에서 이루어졌다. 이런 체제는 전쟁이 벌어졌을 때도 유리하다. 어느 공동체를 어디에 배치하더라도 효과적인 대응이 가능하다. 도심부든,

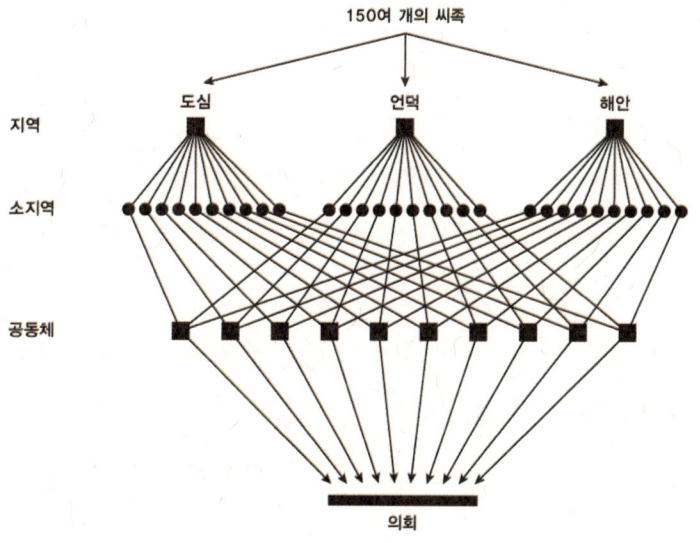

† 클레이스테네스가 고안한 아테네의 공동체 구조

해안이든, 내륙이든 상관없다. 각 공동체 안에 이미 지형에 익숙한 이들이 포진되어 있기 때문이다. 클레이스테네스가 고안한 공동체 구조는 지연과 혈연을 인정하는 동시에 타파한 고도로 효율적인 것이었다. 공동체 자체가 다양성이 배가되는 도가니다. '다름'을 인정하고, 나의 부족함을 타인으로부터 보완 받는 연대가 이루어지는 곳이다. 다른 도시국가와의 관계에서도 야만적 살육만 있었던 것이 아니다. 페르시아 제국과의 전쟁에서 아테네의 수군과 스파르타의 육군은 연맹하여 승리하였다. 정치, 경제, 문화 분야에서 도시국가들이 전개한 경쟁과 협력은 위대한 고전 시대를 탄생시켰다.

낯선 이들이 만나 어떻게 멸살이 아닌 연대의 길을 갈 수 있었을까? 그 바탕에는 무엇이 있는 것일까? 지역이 다르고 혈족이 달라도 같은 언어 종교 그리고 생활 습관을 공유했기에 연대는 때가 되면 터지는 꽃망울처럼 그저 자연스러운 것이었을까? 수십만 년의 시간을 여행하며 인류 진화를 훑어가는 거대 역사 담론을 하나의 장르로 부상시킨 유발 하라리의 주장대로 열댓이 아닌 수만 명이 집단으로 네트워크를 형성할 수 있었던 것은 인지혁명의 선물이었을까? 황당하게 들릴지 모르겠지만 연대의 씨앗이 움튼 데에는 또 다른 요인이 자리 잡고 있다. 호모 사피엔스는 언제부터인가 자각 능력을 갖추기 시작했다. 7만 년 전에 시작되었다는 허구적 이야기를 만들어내는 능력과는 별개로 또 다른 정신적 진화가 일어난다.

『패션의 탄생』에서 정신분석학자 지크문트 프로이트는 흥미로운 말을 하였다. 그는 인간이 직립보행을 하게 되자 성기가 드러나고 이를 가리고자 등장한 것이 패션이라고 주장한다. 프로이트가 궁극적으로 하려는 이야기가 무엇이든 패션의 탄생에는 중요한 사실이 숨어 있다. 타인이 나를 바라보고 있다는 것을 인지했다는 점이다. 이는 어쩌면 사냥을 시작했을 때부터 움튼 감각일지도 모른다. 내가 동물을 쳐다보는 만큼 동물도 때로는 나를 응시하고 있다는 것을 사냥꾼은 늘 기억해야 한다. 그렇지 않으면 갈기갈기 찢기는 참혹한 죽음이 기다릴 뿐이다. 내가 우위에 서서 일방향으로 바라보는 것이 아니라 피장파장 동물 역시 나를 바라본다. 인간관계에서는 더 말할 나위가 없다.

신체 보호를 위해 무언가로 가리는 의복이 등장한 것은 3만 6천 년 전이고, 자신이 누구인가를 보여주는 의미의 패션이 등장한 것은 기원전 3,500년 무렵이라고 한다. 5천여 년 전의 미라에서도 발견된다는 문신 역시 마찬가지다. 본인의 이름, 사회적 지위, 역할, 이력이 살갗에 조각되어 있다. 내가 남에게 보인다는 사실을 인지한 것에 기반을 두고 있다. 기원전 6천 년경부터 쓰인 거울은 말할 필요도 없다. 철학의 난제, 즉 '타자'라고 불리는 낯선 이와의 대면, 그리고 '나'라는 자아의식 - 이 둘은 동전의 앞뒷면처럼 짝을 지어 등장하였다. 기원전 4천 년부터 천 년간 고대인의 일상 문화로 자리 잡은 의상, 문신, 거울이 그 증거다. 멸살 유전자가 자각 유전자와 만나는 순간이다. 어쩌면 호모 사피엔스가 다른 종보다 특별했던 점은 내가 바라다보인다는 사실을 이해하는 자각 능력 덕분 아니었을까?

그리스의 도시국가는 경이롭다. 대면과 자각을 실행하는 시설을 도시 곳곳에 만들었다. 기원전 6세기경 아테네의 프닉스라는 언덕에 대의회가 탄생하였다. 소위원회에서 미리 선정한 의제 가운데 국가의 명운을 가를 만한 중

차대한 사안을 논의했던 곳이다. 여기서 논의 방식이 중요하다. 단상에 올라 누군가가 의견을 개진하면, 이견이 있는 이가 올라와 이야기한다. 독백이 아니라 대화다. 다자 간 대화를 바라보는 6천에서 만 5천 명에 달하는 시민도 있다. 대면의 에티켓이 정립된 순간이다. 파토스, 에토스, 로고스를 갖춘 운율감 있는 언변과 상징적 제스처를 가미한 몸짓을 활용해 설득의 연기를 펼치는 자들과 이를 바라보는 관객이 있는 일종의 극장이다. 이런 형식이 자리 잡은 이면에는 진실이 꼭 내 편에 있다고만 생각하는 것이 아니라 대화를 통해 정립되어 나갈 것이라는 믿음이 깔려 있다. 모든 것을 다 알 리 없는 개인의 한계를 인정하고, 반대 의견을 가진 사람과의 연대를 통해 진리에 이르고자 하는 자각의 태도가 근저에 있다. 극장처럼 만든 불레우테리온(Bouleuterion)이라고 불리는 500인 의회와 대법원에 해당하는 헬리아이아(Heliaia)에도 같은 원리가 작동한다. 신전과 비극 극장도 그러하다. 자각이 깔려 있다. 세상살이는 마음대로 되지 않는다. 탄생과 죽음은 필연적이다. 피하고 싶다고 피할 수 있는 것이 아닌 인간 능력 밖의 것들이다. 이런 초월성에 대한 인지가 신전과 비극 극장이 탄생한 이유다. 거꾸로 이야기하면 인간 한계에 대한 자각이 신전과 비극 극장을 낳았다. 신전에 비하면 지극히 세속적인 시설로 보이는 스타디움도 마찬가지다. 올림픽에 나갈 대표 주자로 누가 더 적합한지 공적 장소에서 공유하는 규칙을 갖고 서로 비추어 보는 곳이다. 자각은 내향적 시선이 아니라 바깥에 선 낯선 이와의 마주함 속에서 발생하는 사건이다. 상대방과의 대면 없는 자각은 일어날 수 없다. 나와 다른 대상의 발견은 연대로 진입하는 첫 관문이다. 개인, 가족, 씨족, 부족의 불완전함을 자각하고 낯선 타자마저 연대의 대상으로 삼는다. 자각은 '더 큰 나' 즉 '우리'로 끊임없이 탈바꿈하려는 열망의 동인이다. 프닉스, 불레우테리온, 헬리아이아, 스타디움, 신전, 비극 극장은 바로 이 열망의 산물이다. 차이를 드러내고 폭력이 아닌 타협, 절충, 승복, 융화로 더 큰 결속을 만들어내려는 제도와 시설을 곳곳에 포진시킨 도시가 바로 아테네였다.

   결핍에 대한 자각과 이를 극복하고자 하는 연대가 도시의 탄생 이유라고 이야기한 사람이 있다. 아리스토텔레스

† 프닉스에 자리한 대의회와 연단

다. 그는 도시를 사유 주제로 삼은 철학자 중 한 명으로 다음과 같은 질문을 던진다.

"왜 우리는 도시를 만들어 모여 살게 되었을까?"

시답잖은 질문인 것 같지만 도시의 근본적인 존재 이유를 묻고 있다. 현대 도시가 꼭 성취해야 하는 것으로 언급되는 물자와 정보의 원활한 유통, 범죄와 전염병 예방, 주거 공급 등이 태곳적 인간이 도시를 만들고 모여 살게 된 이유였을까? 아리스토텔레스는 이것들도 중요하지만 도시의 존재 이유는 아니라고 못 박는다. 이런 것들을 존재 이유로 취하는 것은 수단과 목적을 혼동하는 꼴이다. 스파르타가 딱 그 예다. 열성인 아이는 배태시키고 우성인 아이만 남겨 전사로 키워내 강력한 군사력을 갖추는 것이 도시국가 운영의 목표였다. 그런데 정작 전쟁에서 이겨 평화가 도래했는데, 무엇을 하며 살아야 할지 몰랐던 것이 스파르타의 문제였다고 아리스토텔레스는 지적한다. 즉 수단을 목적으로 간주한 것이다.

아리스토텔레스는 『정치학』에서 "도시가 없는 인간은 저급한 동물이거나 아니면 고결한 신인데, 인간은 신은 될 수가 없으니 결국 추악한 짐승이며, 실은 가장 추악한 짐승에 지나지 않는다."라고 했다. 인간에게 도시는 자연이다. 문명의 오염을 벗어나 도피처로 삼곤 하는 고목이 줄지어 선 고요한 숲, 고운 밀가루 같은 새하얀 모래밭이 끝없이 펼쳐지는 해변, 짐승들이 한가로이 풀을 뜯는 목가적 초원, 만년설로 뒤덮인 수천 미터 높이의 깎아지른 설산이 자연이 아니라는 말은 아니다. 하지만 인간에게는 또 다른 그리고 어쩌면 더 중요한 자연이 있다. 바로 모여 살아가는 도시 자체가 인간에게는 자연이다. 인간이라면 도시를 만들어내야 한다. '모여 살기'를 통해 우리는 혼자서는 못 할 일을 해낸다. '연대'가 가져다주는 이점이다. 아침마다 내가 빵을 만들지 않아도 맛있는 바게트와 식빵을 맛볼 수 있다. 거울 앞에 앉아 스스로 머리를 깎다가 망치는 대신 손재주가 뛰어난 이의 도움을 받아 멋스러워질 수 있다. 목재를 잘 다루는 이의 도움을 받아 집을 수리할 수 있고, 의술이 뛰어난 이를 통해 병을 고칠 수 있다. 지진으로

온 천지가 쑥대밭이 되거나, 홍수 탓에 방죽이 터질 것 같은 재난 재해의 시기에 연대는 더욱 빛을 발한다. 건물 잔해에 깔린 자를 구하고, 피난민의 거처를 마련해 주고, 방죽이 재차 무너지지 않도록 모래주머니를 만들어 보강하고, 주먹밥을 만들어 내오기도 한다. 적군이 침략하면 장정들을 차출하여 목숨을 건 공동 방어전을 펼치는 것 또한 '모여 살기'의 중요한 이유 중 하나다. 침략의 부당함에 맞서 싸우려면 역할 분담을 할 동료들이 있어야 한다. 아리스토텔레스는 개인, 가족, 씨족, 부족으로는 채울 수 없는 결핍에 대한 자각이 '모여 살기'의 동인이라고 주장한다. 타인과의 '모여 살기'라는 틀을 벗어나면 인간은 지성을 기이한 목적을 위해 쓰게 되고, 결국은 지성이 없는 짐승보다도 더 비참한 존재가 된다고 말한다. 역으로 말하면 도시를 떠나 덕을 실천하며 숭고한 행위를 하는 행복한 인간이 되는 것은 불가능한 것이다.

낯선 타자와의 연대를 유지하는 데에, 즉 도시가 탈 없이 작동하는 데에 가장 중요한 원리는 무엇일까? 아리스토텔레스는 정의라고 답한다. 그의 말을 다시 옮겨보자.

"서로 다른 사람들을 도시에서
어울려 살 수 있도록 묶어내는 것은 무엇일까?
그것은 정의다. 충돌 상황에서 균형을 잡고
더 큰 융합으로 나아가는 정의는
도시가 존속하고 작동하는 가장 중요한 원리다."

'정의'라는 말은 정의하기 어렵다. 소크라테스도 정의에 대한 다양한 해석의 허점은 짚어내지만, 스스로 정의가 무엇이라고 이야기하지는 못한 것 같다. 그래도 한 가지 짚어보라고 한다면 균형감을 빼놓고 이야기하기는 어렵다. 정의를 뜻하는 영어 단어 저스티스(Justice)의 어원인 저스트(Just)는 '적절함'을 뜻하며, 상반된 극단 사이에서 어디에도 치우치지 않고 중심을 잡는 것을 말한다. 양자 간 균형이 적절한가를 묻는 것이다. 10만 원짜리 물건을 누군가가 5만 원만 내고 가져간다면 그것은 옳지 못하다. 10만 원짜리 물건을 20만 원에 가져가도록 하는 것도 마찬가지다. 가치와 가격 사이에 균형이 맞아야 한다. 과제를 수행하지 못했을 때 벌칙을 가하지 않는다면 그것도 옳은 일이 아니다. 과제를 한 학생들과 비교해 형평이 맞지 않는 것이다. 그래서 과제를 못 한 학생에게는 벌칙을 가한다. 이것은 인과응보적 차원의 정의다. 여전히 일상 세계를 지배하는 정의의 주요 개념이다.

하지만 세상사는 그렇게 간단하지 않다. 고도의 갈등을 유발하는 순간이 있다. 수만 명의 낯선 타자들과 모여 사는 곳에서 벌어지는 일이란 한 개인이 상상할 수 있는 범주를 뛰어넘곤 한다. 고도의 갈등 상황이 발생하고, 고도의 균형을 찾아낼 것을 요구받는다. 알고 보니 과제를 못 한 학생에게 사정이 있었다. 갑자기 아버지가 돌아가신 것이다. 형언할 수 없는 비탄 속에서 망연자실한 채 장례를 치러야 했다. 이런 경우 균형이란 도대체 무어라 말할 수 있을까? 과제를 제출한 학생과의 형평성을 우선해야 할까, 아니면 벌칙을 내리지 않고 마감 기한을 연장해야 하는 걸까? 사랑에 빠졌는데 연인이 조부를 살해한 집안의 후손이라면 이를 어찌해야 한단 말인가? '남의 물건을 훔치는 것은 악행'이라는 것은 보편적 원리다. 굶은 조카들을 위해 빵을 훔친 삼촌과 기업을 경영하는 유복한 대표가 빵을 훔친 두 가지 상황을 두고 이 보편적 원리를 어떻게 적용해야 할까? 적의 침입에 맞서고자 청년을 차출해 전장으로 보내야 하는데, 아들이 셋인 김 씨네와 삼대독자를 둔 박 씨네 사이에서 어떤 판단을 내리는 것이 적절할까? 무엇이 옳은가는 결국 무엇이 적절한가 하고 판단하는 문제이며, 이는 고도의 균형점을 찾아내는 지혜의 영역이다. 즉 정의의 한 속성인 균형감은 기계적 좌우 대칭이나 등가를 의미하는 협소한 의미의 균형이 아니다. '눈에는 눈, 귀에는 귀'라는 인과응보 법칙을 일률적으로 적용하는 균형이 아니다. 기계적 균형이 아닌 상황적 균형이라고 해야 할까? 인과응보적 정의가 아닌 다른 종류의 정의다. 이를 상호 호혜적 정의라고 부르면 어떨까?

상호 호혜적 정의의 좋은 예가 기원전 458년에 아이스킬로스가 디오니소스 극장에 올린 3부작 〈오레스테이아〉의 마지막 편 〈에우메니데스〉에 나오는 이야기다. 아테네 여신이 시민의 추천을 받아 소집한 열두 명의 지혜로운 배심원 앞에 오레스테스가 서 있다. 오레스테스는 어머니 클리타임네스트라가 남편이자 자신에게는 아버지인 아가멤

논을 정부와 짜고 죽였다는 것, 그리고 아폴로의 신탁으로 어머니마저 살해할 수밖에 없었다고 자신의 행위를 설명한다. 반대로 '분노의 여신'은 - 클리타임네스트라의 혼령으로 이해하면 될 것 같다 - 오레스테스가 어머니를 살해한 패륜적 범죄자로 반드시 죗값을 치러야 한다고 열변을 토한다. 양쪽의 이야기를 다 들은 후, 아테네 여신은 배심원들에게 오레스테스가 무죄인지 유죄인지 표를 던지도록 한다. 결과는 6대 6. 캐스팅보트를 지닌 아테네 여신의 표가 이제 오레스테스의 운명을 결정하게 된다. 고심하던 아테네 여신은 무죄에 표를 던지고, 대신 오레스테스에게 자숙의 시간을 갖도록 명한다. 이 중재 과정을 거치자 '분노의 여신'은 마음을 가득 채우고 있던 증오를 떨쳐버리고 환희와 자비의 여신으로 재탄생한다. 질적 변신이 이루어진 것이다. 아테네 여신은 "세상의 어떤 인간도 법의 규정을 벗어나서 살 수 없고, 또 폭정의 굴레 아래 무방비로 놓여서도 안 된다."라고 선포하며 재판을 마무리한다.

낮고 반반한 땅 아고라와 우뚝 솟은 널따란 암반 아크로폴리스가 극적인 대조를 이루는 도시 아테네! 아테네 여신

† 레오 폰 클렌체, 〈아크로폴리스〉(1846)
전면에 묘사된 부분이 아레오파고스 언덕이다.

이 법정을 열었던 곳은 아고라와 아크로폴리스 사이에 자리 잡은 아레오파고스 언덕이다. 인간의 영역과 신의 영역의 중간에 자리 잡고 있다. 아테네의 수호신이 행한 가장 중요한 일 중 하나는 바로 이곳에 법정을 열어 갈등 상황을 조율하는 공적 중재의 장을 만들어낸 것이다. 아들이 아비의 원수를 살해하고, 또 그 아들을 분노의 여신이 죽이는 핏빛 복수의 쇠사슬, 즉 벤데타(Vendetta)를 끊어 내는 일을 시작하고 이를 제도로 정착시킨 것이다. 짐승들이 모여 사는 세상을 돌리는 약육강식의 원리가 아니라 공적 중재의 장에서 수사로 갈등을 중재하고, 고도의 균형을 찾아가는 정의가 아테네라는 도시의 기초라는 것을 아테네 여신은 만천하에 각인시킨다. 정의를 좇다가 뜻밖의 신선한 균형점을 마주하는 순간, 평범했던 일상도 경이롭게 빛난다. 타협을 넘어 양보, 희생, 화해와 같은 숭고한 행위가 뒤따르고 공동의 선이 성취된다. 인간의 연약함, 억울함, 그리고 운명의 소용돌이에 관한 이야기를 신과 배심원이 듣고 중재하는 법정이 자리한 아레오파고스는, 아테네라는 도시국가의 작동 원리를 선포하고 실천한 상징적인

† 아레오파고스 언덕

장소다. 아고라, 아크로폴리스 그리고 아레오파고스! 갈등의 상황에서 적절한 균형을 찾아 어떻게 공동의 선을 이루어낼 것인가 하는 정의에 관한 관심은 아테네라는 도시의 공간 구조에 그대로 반영되어 있다. 프닉스 언덕에서 열린 대의회, 아고라에 자리한 500인 의회, 법정, 대법정, 그리고 아크로폴리스 정상의 파르테논 신전과 남사면의 디오니소스 극장 – 삶의 가치관이 모두 상이한 이들과 대면하고 소통하여 타협, 승복, 융합, 변화에 이르고자 하는 열망을 담고 있다.

정의가 작동하는 도시를 꿈꾸며, 갈등의 상황에서 균형점을 포착하는 통찰력 있는 지혜를 갈망하던 시민들을 키워낸 곳은 놀랍게도 아테네의 주거지였다. 집은 그리스어로 오이코스(Oikos)라고 한다. 요즘 흔히 듣는 생태학(Ecology)의 어원이다. 또 경제(Economy)의 어원이기도 하다. 경제를 보통 최소한의 투자로 최대한의 이익을 뽑아내는 것이라고 이해하는데, 이는 18세기에 오이코스의 의미가 자본주의의 영향으로 타락한 것이다. 원래 경제는 적절함을 금전적 관점에서 찾는 것이었다. 오이코스, 즉 그리스의 집은 가족의 생활 터전이기도 했지만 공적인 장소였다. 바로 심포지엄이 열리는 곳이었기 때문이다. 심포지엄은 갈등의 상황에서 대화와 논의를 통해 균형점을 찾아가는 훈련이었다. 이웃에 누군가가 이사를 오면 그 사람을 초대해 포도주와 양고기를 내어놓고 편안하게 걸터앉아 이야기를 나눈다. '아이와 어른에게 밥 한 그릇을 나눠준다면 어떻게 나누는 것이 적절할까?'처럼 수수께끼 같은 질문이 오간다. 이에 대한 답은 아이와 어른이 어떤 점에서 같고 어떤 점에서 다른지 생각하게 한다. 이런 질문도 가능하다. '친구가 부친상을 당해 부의금을 보내려고 한다. 그 친구가 나의 부친상에 5만 원을 보냈다면 나는 얼마를 조의하는 것이 적절할까?' 쉬운 문제인 것 같은데 여기에 단서가 하나 붙는다면 이야기가 달라진다. 친구가 오랜 기간 벌이가 없는 실직자라면? 이 친구가 건넨 5만 원은 직장을 잘 다니고 있는 나에게는 얼마에 해당하는 걸까? 집은 전문 지식을 가르치는 곳이 아니라, 모여 살다 보면 벌어질 법한 상황을 두고 어떻게 행동하는 것이 적절한가에 관해 이야기를 나누는, 즉 삶의 균형 감각을 키워나가던 곳이었다. 어떤 것을 가져가야 하고, 옷은 어떻게 입어야 하며, 행동거지는 어떻게 해야 하고, 어떤 언어를 구사해야 하는지에 대한 감각을 키우는 곳이었다. '적절함'을 뜻하는 말이 그리스어로 에토스(Ethos)다. 삶의 다채로운 상황 속에서 우리가 어떻게 행동하는 것이 적절한지, 어떻게 행동하는 것이 기대되는지를 가리킨다. 에토스는 윤리(Ethics)의 어원이기도 하다. 유비, 즉 비례의 감각을 통해 - a:b=c:d라고 표현할 수 있을 것 같다 - 다다를 수 있는 지혜의 영역이다.

  혹자는 물을 것 같다. 2,300년 전의 이야기를 꺼내는 것이 지금 우리에게 무슨 의미가 있을까? 하고 말이다. 아리스토텔레스가 말한 정의가 그 기초가 되어야 한다는 도시는 폴리스다. 당시 아티키의 전체 인구는 10만 정도였고, 이 중 약 4만 명이 아테네에 거주하고 있었다고 한다. 지금 우리가 사는 도시에 비하면 규모가 턱없이 작다. 우리는 수십만에서 2백만이 모여 사는 메트로폴리스를 넘어 천만 명이 모여 사는 거대도시 메가 메트로폴리스가 등장한 시대에 살고 있다. 19세기와 20세기에 걸쳐 급격한 성장이 이루어지는 동안 사람과 물자의 원활하고 빠른 유통, 전염병 및 범죄 예방, 주거 공급 등이 주요 관심사로 부상했다. 세상이 이토록 격변했는데, 도시에 관한 아리스토텔레스의 이야기를 꺼내는 것은 한심한 일일까? 오히려 도시 규모가 급격히 커지면서 유통과 전염병 및 범죄 예방과 같은 기능이 두드러지는 사이 인간이 동물과 달리 도시를 만들어 모여 살게 된 까닭은 무엇인지, 그리고 도시의 가장 근본적인 작동 원리가 무엇인지 망각하게 된 것은 아닐까? 도시의 기원인 폴리스와 정의에 관해 언급했던 아리스토텔레스의 이야기에 잠시 귀를 기울여 보고자 했던 이유다.

둘.

거울의 도시 아테네

거울의 도시라고 부르고 싶은 곳이 있다. 형형한 황금빛의 선형 장식이 한참을 웃자란 칡넝쿨처럼 얽힌 화려한 공간 곳곳에 거울을 걸어 두었던 루이 15세 시절의 파리를 이야기하는 게 아니다. 자기애에 빠진 나르시시스트의 허영을 증폭시키고, 자기복제를 반복하며 환영의 나락으로 이끌던 로코코 시대의 거울이 아니다. 기원전 5세기의 아테네로 가면 전혀 다른 부류의 거울을 만난다. 허영과 환영의 기폭제가 아니라 성찰로 이끄는 반사판이다. 혼자서 은밀히 행하는 성찰이 아니라 많게는 만 5천여 명의 시민들이 공동으로 실행하는 거울의 방이다. 이 거울의 방은 다름 아닌 비극 극장을 가리킨다. 인류가 고안한 위대한 시설 중 하나다. 세네카는 절제, 자비, 정의의 덕목을 실천하는 군주가 되기를 바라는 마음으로 자신이 네로에게 헌

정한 『자비에 대하여』라는 책을 거울이라고 불렀다. 비극 극장도 마찬가지다. 유리로 만들어진 반사경은 아니지만 '비추어 봄'이 발생하는 거울임이 틀림없다.

옥외 극장은 '영원한 정오의 나라'라 불리는 그리스 풍토가 안겨준 선물이다. 365일 볕은 충만하고 습도는 낮아 대기가 투명하다. 그리스를 처음 찾았을 때 목적지 중 한 곳은 신탁의 성소 델포이 신전이 자리한 파르나소스산이었다. 아폴론 신전 위쪽에 자리한 극장의 가장자리에 앉아 있노라니 지극히 투명하고 또렷하고 웅대한 대기가 나를 감싸안았다. 입이 딱 벌어졌다. 장대한 병풍처럼 둘러선 라임스톤, 젓가락처럼 점점이 박힌 사이프러스, 갓 나온 팝콘처럼 흰 꽃을 곳곳에 피워낸 양지식물 밀크베츠, 운무처럼 저지대를 뒤덮은 올리브 숲 – 삼라만상이 모두 자신의 명확한 형태를 드러내고 있었다. 거리감 또한 소실되었다. 저 먼 풍광도 지척에 있는 것처럼 속살을 다 보여주며 손에 잡힐 듯 바투 다가왔다. 한반도와는 대척점에 선 풍경이다. 파도 너울처럼 끝 모르고 준봉이 겹치는 반도 남단의 풍경은 가까운 산자락은 녹색을 띠다가 뒤로 갈수록 색깔이 엷어지면서 맨 뒤엣것은 하늘과 섞여 버린다. 면이 겹치며 색조가 엷어지다 어느새 녹색이 파랗게 변한다. 몬순의 습기가 낳은 이 풍경은 다 보여주지 않는 대신 이면에 대한 상상력과 무한대의 깊이감을 자극하는 은근한 것이다. 반면에 그리스의 탁 트이고 투명한 대기는 모든 것을 거침없이 드러내 보여주는 적나라한 풍경이다. 이 대기의 품에 자리한 탁 트인 산 사면을 따라 들어선 것이 옥외 극장이다.

† 아테네 〈디오니소스 극장〉

이제 아테네로 가 보자. 에게해의 숭고한 수평선을 영원히 사모하는 것일까? 든든한 라임스톤 석축 위에 하얀 펜텔릭 대리석 덩어리를 쌓아 만든 〈파르테논 신전〉은 미동조차 거부하는 부동의 자세로 드높은 곳에 정박한 한 척의 배다. 2,400여 년의 풍상을 견디느라 원래 입었던 다채로운 마감은 흔적도 없는 순수한 백색의, 그리고 나신의 신전이다. 빙켈만이나 르 코르뷔지에와 같은 미술사가나 건축가들이 그리 주목하지 않았던 곳이지만, 그리스 문화의 위대함이 서려 있는 곳은 바로 지척에 또 있다. 아크로폴리스 남쪽 절벽 아래에 자리한 〈디오니소스 극장〉이다. 원래 아고라에 있던 극장이 아크로폴리스 남사면으로 옮겨진 것은 기원전 6세기경이라고 한다. 지금의 〈파르테논 신전〉이 세워진 것이 기원전 5세기이니 이 극장은 터줏대감 대접을 받을 만한 건물 중 하나다. 초기에는 목제 판재로 만든 좌석과 동그란 오케스트라가 있는 정도였다. 하지만 좌석이 대리석으로 바뀌고, 오케스트라 뒤쪽으로 스케네(Skene)라 불리는 건물이 – 공연의 배경이자 배우들이 가면을 바꾸거나 분장하는 곳이다 – 들어서고, 또 오케스트라와 스케네 사이로 두 개의 통로가 나는 기원전 5세기 중반쯤에는 극장의 전형적인 모양을 갖추기 시작한다.

　기원전 472년의 어느 봄날, 아이스킬로스는 새로운 비극 하나를 〈디오니소스 극장〉무대에 올리고 있었다. 20대 중반에 극작가 활동을 시작해 어느덧 50대 중반에 이른 농익은 대작가의 특별한 작품이었다. 바로 〈페르시아인들〉이다. 피비린내가 반복되는 복수극을 정의의 공적 실현과 실천 문제로 치환하는 법정의 역할을 보여주는 〈오레스테이아〉 3부작처럼 신화를 배경으로 하는 것이 아니라, 불과 8년 전 일어난 두 문명의 운명을 건 충돌인 살라미스 해전을 배경으로 한 작품이었다. 국모 아토사에게 "페르시아의 꽃은 가차 없이 꺾였다."라는 전갈이 당도하며 비극은 막을 올린다. 그리스 해군의 위장 퇴각 전술에 말려들어 살라미스 해협 – 에게해가 갑자기 병목처럼 확 좁아 들고 물살이 드세지는 곳이다 – 안으로 깊숙이 유인된 페르시아 전함들은 처음에는 싱겁게 끝날 전투로 생각하였다. 하지만 상황이 급변한다. 도망치던 그리스 해군은 갑자기 180도로 급선회하더니 갑판을 발과 창으로 힘껏 드럼 치듯 두드리며 하늘을 향해 환호성을 내지른다. 꽁무니 빼는 줄 알았던 그리스군의 전의 가득한 결기 앞에 페르시아군은 심지가 급격히 흔들리며 당황한다. 이때를 놓치지 않고 격군들의 리듬에 맞추어 견고하고 날렵한 그리스 삼단노선 전함 한 대가 - 펠레네 출신 아메이니아스가 탄 배라고 한다 - 쏜살같이 질주하여 충각으로 페르시아군 선두의 전함을 받아 버린다. 다른 그리스의 배들도 일제히 달려들어 뾰족한 청동 돌출부로 뱃머리며 측면을 들이받아 초장부터 판자 조각을 잘게 부수듯 으스러뜨려 버린다. 전령의 말대로 300 대 1,200이라는 숫자가 중요한 것이 아니었다.

극장에 빼곡히 들어앉은 1만 5천의 아테네 시민들은 이 장면을 보며 무슨 생각을 했을까? 언뜻 보면 그리스군의 승전을 기리는 극으로, 대제국 페르시아를 무찌른 그리스인들의 자긍심을 북돋웠을 거로 생각해 볼 수 있다. 하지만 아이스킬로스의 극은 페르시아군에 대한 조롱이라고만 보기에는 어려운 더 깊은 함의를 품고 있다. 은편을 쉴 새 없이 두드려서 평평하게 펴는 금 세공사의 망치질처럼, 승전 후에 자연히 따라올 아테네 시민의 근거 있는 자만을 대작가는 두드려 편다. 페르시아 제국의 광대함과 위대함을 이야기하고, 제국 곳곳에서 소환된 위대한 장수들을 열거하는 찬미가 끝나고 나면 코러스의 - 합창단이다 - 톤이 금세 바뀐다. 불길하고 슬픈 어조로 인간의 용맹, 지략, 계획 등 모든 것을 무용지물로 만들 수도 있는 전지전능한 신과 그 손아귀에서 벗어날 수 없는 인간의 운명을 노래하는 애가가 울려 퍼진다. 이어 아토사의 목소리로 원래 페르시아와 그리스는 한 뿌리에서 나온 두 자매였다는 것을 일러준다. 영으로 소환된 다리우스는 자기 아들이 쇠사슬로 배들을 묶어 보스포루스 해협에 부교를 만들려 했고, 일이 잘 풀리지 않자 바다의 신 포세이돈을 꾸짖었다는 이야기를 듣게 된다.

"신을 두려워하라는 가르침을
까마득히 잊어버렸단 말인가?"

다리우스는 거만하고 교만한 아들이 악령에 씌어 정신이 혼미해지고 사리 분별을 하지 못하게 되었다고 애통해

한다. 신들의 노여움을 산 아들을 두고 내뱉는 다리우스의 말은 "고집스러운 교만이 꽃을 피우면 자기기만의 열매를 낳고 그 마지막 추수는 오직 눈물의 바다뿐이다."였다. 페르시아인과 아테네 시민을 구분하지 않고 가슴 깊이 새겨질 진리다.

다리우스의 부정 또한 아테네 시민의 마음을 파고들었을 것이다. 깊은 비통에 잠겨 금박 장식 의복을 다 찢어 던지고 거지들이나 걸칠 법한 막누더기를 입은 아들이 나타나거든 그를 위로할 수 있는 이는 오직 어미뿐이기에, 먼저 차분한 목소리로 위로의 말을 건넬 것을 아토사에게 당부하며 지하 세계로 돌아간다. 아토사 역시 아들의 어리석음을 비통해하면서도 사랑은 영원하다고 독백한다. 세상이 모두 등을 돌린다 해도 끝내 변치 않는 사랑의 보루인 부정과 모정을 그려내고 있는 것이다. 크세르크세스를 태운 가마는 죽음의 그림자가 짙게 드리운 병상처럼 암막 커튼이 쳐져 있다. 거지꼴로 가마에서 내리자마자 그는 자신의 교만으로 인해 고통스럽게 목숨을 잃은 지휘관들과 백성들을 생각하며 통곡한다. 가슴을 치며, 구레나룻을 다

뽑아내고, 손톱을 으깨고, 머리를 밀고, 쉰 목소리로 장송곡을 울부짖으며 눈물이 비처럼 흐르는 페르시아 제국의 수도인 수사의 거리를 행진한다. 아비, 아들, 남편을 잃은 백성들이 보는 앞에서 행하는 진솔한 참회의 행진이다.

〈페르시아인들〉은 승자에 속하는 어느 극작가가 펼치는 그리스의 승리를 기리는 편향된 찬가가 아니다. 패자인 페르시아의 관점에서 사태를 바라보고 이를 승자들에게 보여준다. 매우 기이하다. 승자가 승리를 축하하고 영웅들의 활약상을 대대손손 기록으로 남겨 두는 일은 흔하다. 패자 또한 승자에 대한 복수를 암시하는 서사로 역사를 기술한다. 〈페르시아인들〉보다 21년 전에 쓰인, 이오니아 지방에 자리한 아테네의 식민도시를 침략한 페르시아군의 야만적인 폭력성을 기록한 프리니코스의 〈밀레토스의 함락〉이 그 좋은 예다. 역사를 기록하는 이런 일반적 경우와 들어맞지 않는 것이 바로 〈페르시아인들〉이다. 승자와 패자의 이분법을 뛰어넘는다. 전자의 영화로운 자랑과 후자의 폐부에 각인된 사무치는 한을 넘어서서 얽히고설킨 인간사를 초월적으로 바라보는 것 같다. 술에 취한 것처럼 승리에 도취한 편향성을 극복하고, 패자의 편에서 상황을 바라보도록 이끌고, 두 시각을 조합하여 세상을 이해하도록 돕는다. 혼자 말하고 알아서 정하는 것이 독백이라면, 〈페르시아인들〉은 상대편의 시각에서는 세상이 어떻게 보이는지를 알려주는 대화다. 승자의 교만이 꺾이고, 겸손을 흠모하며, 상대방에 대한 연민의 정이 싹트는 초월적인 태도는 대화를 기반으로 전개되는 비극의 선물이다.

한 편의 비극이 무대에 오르기까지는 아이스킬로스와 같은 극작가, 페리클레스와 같은 후원자, 마스크와 의상 제작자, 연기자, 관중 등 모든 이가 중요한 역할을 한다. 하지만 극장이라는 건축물 역시 핵심 요소임은 두말할 필요도 없다. 극장을 뜻하는 단어 씨어터(Theater)의 어원 테오리아(Theoria)는 관조라는 의미를 담고 있다. 무엇을 관조, 즉 바라본다는 말일까? 자만하는 자의 기고만장함이 하늘을 찌르는 것을 본다. 사리 분별을 잃고 무도한 일을 벌이는 교만한 자에 대한 신의 응보를 본다. 아무리 잘났다고 거드름을 피우는 자라도 결국은 신이 만들어 놓은 그물코에 박혀 들어가 옴짝달싹 못 하고 몸부림치는 물고기 같은 존재라는 것을 본다. 교만한 자가 뼛속 깊이 참회하며 새롭게 태어나는 모습을 본다. 승자와 패자가 보는 세상을 합해야만 편견이 걸러진 제대로 된 진실에 도달할 수 있다는 초월적 시점이 부상해 올라오는 것을 본다. 삶의 이치에 대한 깨달음과 희열, 그리고 무언가가 씻겨 내려가는 것 같은 청량함이 따라온다. 테오리아(Theoria)의 테오(Theo)가 '신성'을 뜻하는 테오스(Theos), 더 나아가 '치료'를 뜻하는 테라피(Therapy)와 어원적으로 연결되는 것은 이래서다. 아테네를 거울의 도시라고 불러보았다. 바로 자폐성을 찢어 원수를 대면하고 공동으로 자아 성찰을 실천하는 〈페르시아인들〉과 같은 비극을 상영했던 〈디오니소스 극장〉을 보면서 하는 말이다.

셋.

시에나의 캄포, 광장의 영원한 원형

　시간의 콜라주가 아름답다. 총안과 흉벽을 갖춘 보루로 건축된 시청, 토스카나의 푸른 하늘을 가르며 우뚝 솟은 시계탑, 카사티(Casati)라고 불리는 족벌 가문들끼리 벌인 분쟁의 상징인 성채 주택, 줄을 맞추어 손을 맞잡고 들어선 벽돌 건물군, 가장자리를 따라 빙 두른 붉은 차양 아래 들어선 노천카페, 삼각형과 원형 페디먼트를 번갈아 장식한 창호와 곡선형 까치발 위에 올라선 발코니를 품은 바로크풍 건물. 멋들어진 시간의 콜라주다. 시에나의 캄포라고 - 들판을 의미한다 - 불리는 중앙 광장에서 볼 수 있는 풍경이다.
　시에나는 피렌체에서 남쪽으로 불과 80여 킬로미터 떨어진 곳에 있다. 르네상스의 성지 피렌체가 15세기 이후 6백여 년간 주목을 한 몸에 받는 동안 상대적으로 잊힌

† 시에나의 캄포 광장과 항공 사진

도시다. 1555년, 스페인과 메디치 가문의 연합군에 맞서 18개월을 버티다가 정복된 패자의 도시다. 역사는 승자의 것이기 마련이다. 유럽의 근세 문명을 다루는 책들은 피렌체로부터 시작한다. 브루넬레스키, 알베르티, 다빈치, 미켈란젤로, 라파엘, 보티첼리 등 수많은 천재가 아르노강을 따라 걸으며 자신의 명운을 건 예술혼을 불태웠다. 그러나 시에나에 눈길을 주는 이는 아무도 없었다. 중세의 영화에도 불구하고 근세에 들어 피렌체의 지배를 받는 변방 도시로 위상이 약화되었다. 하지만 시에나에는 토스카나의 독보적 맹주로 군림한 피렌체의 영화로도 넘볼 수 없는, 세상에서 가장 아름다운 것이 하나 있다. 바로 콜라주의 아름다움으로 여행자를 매료시키는 중세에 조성된 광장 캄포가 그 주인공이다.

    시에나는 세 개의 언덕 위에 세워진 도시다. 하나는 북쪽으로 뻗어 나가며 능선을 따라 피렌체로 향하는 길이 나 있다. 또 하나는 남쪽을 향하며 로마로 가는 길이 자리하고 있다. 두 언덕이 만나는 지점에서 서쪽으로 또 하나의 언덕이 뻗어 나간다. 카스텔라레(Castellare)라고 불리는 이 언덕에는 8세기경 성당과 광장이 들어섰다. 12세기 초에는 이 성당을 대체하는 〈시에나 대성당〉이 새로이 건축되었다. 족벌 가문과의 긴장 관계 속에서도 13세기까지 굳건히 시에나의 지배 세력으로 군림했던 가톨릭 종교 권력의 근원지다. 그런데 13세기 후반, 이상한 일이 발생한다. 카스텔라레의 반듯한 광장을 놔두고, 새로운 광장이 조성되기 시작한 것이다. 그것도 기존 광장과 멀지 않은 곳에 말이다. 평탄한 땅을 찾을 수 없으니 남동쪽으로 기운 경사지에 광장이 조성된다. 그 형상도 사각형이 아닌 말발굽 모양의 기이한 형태다. 멀쩡한 대성당과 광장을 지척에 두고 굳이 경사면에 광장을 억척스럽게 새로 만든 이유는 무엇이었을까?

14세기 초에 그려진 그림 한 장을 통해 캄포 광장의 초기 모습을 유추해 볼 수 있다.(78페이지 참조) 왼쪽의 카스텔라레 언덕과 오른쪽의 산마르티노 언덕을 배경으로 경사져 내려오는 광장이 눈에 들어온다. 왼쪽 상단 가장자리에는 교회 권력의 본산인 〈시에나 대성당〉의 돔이 빼꼼 고개를 들고 있다. 오른쪽으로 시선을 옮기면 곳곳에

장대처럼 솟아오른 타워형 성채 주택들이 보인다. 13세기 말까지 끊임없이 분쟁을 벌인 족벌 가문들이 구축한 요새다. 전면에 자리한 광장의 가장자리를 따라 성채 주택과는 다른 형상의 건물들이 눈에 들어온다. 아치가 파인 연속된 아케이드로 지면 부분을 단장한 건물들이다. 상층부는 아케이드의 깊이만큼 광장을 향해 튀어나와 있다. 골목길이 만나는 곳에 자리한 성채형 주택도 난공불락의 파수대 이미지를 벗어던졌다. 답답한 벽을 뚫고 모퉁이를 돌출시키고, 석벽에 뚫었던 총구들은 바깥 풍경이 눈에 들어오는 창으로 바뀌었다. 그늘진 곳에는 바람을 쏘이는 테라스도 만들어져 있다. 골목길의 근경, 광장의 중경, 그리고 토스카나의 원경을 바라보는 전망대이기도 하다. 두꺼운 벽체와 철문으로 무장했던 저층부는 카페와 상점으로 바뀌었다. 상대 가문에 대한 적개심이 사그라들자 길과 광장을 향해 자신을 한껏 열어젖힌 성채 주택의 놀라운 변신이다. 건물 사이 틈을 놓치지 않고 얼굴을 빼꼼히 들이미는 핑크빛 건물도 눈에 들어온다. 후면에 있으면서도 오히려 전면으로 또렷이 부각된다. 건물끼리 높이를 맞추고 같은 모양

† 암부로조 로렌체티, 〈선한 정부가 도시와 촌락의 삶에 미치는 영향〉(1338~1340)
도시를 묘사한 부분이다.

의 창을 일률적으로 배치하여 입면을 말끔히 정리하려는 의사가 없다. 위계도 불분명하다. 어느 건물이 앞에 서고 어느 건물이 뒤에 선 것인지 헷갈린다. 어떤 건물이 주목해야 할 중요한 건물인지 모호하다. 어찌 보면 난잡한 풍경이다. 하지만 꾸밈없는 생기가 넘쳐나는 도시다. 일목요연하게 정리된 단초점 도시가 아니라 다양한 시점에서 보이는 다채로운 장면을 동시에 포착하는 다초점 도시다. 이 그림은 세상에서 가장 아름다운 광장이 탄생하려는 역사적 찰나를 포착하고 있다.

  광장을 본격적으로 조성하면서 내걸었던 조건들이 있다. 건물 높이를 균일하게 하고, 줄도 맞추도록 하였다. 재료도 벽돌로 통일하였다. 언덕으로부터 내려오는 경사면은 트레버틴 대리석으로 선을 그어 분할하고, 사이에는 붉은 벽돌을 깔았다. 선들이 내려가 만나는 곳에 배수구를 놓고, 그 뒤로 〈푸블리코궁〉이라는 시청을 세웠다. 말발굽 모양을 한 광장의 궁극적인 초점이 되는 건축물이다. 시청의 왼쪽 모퉁이에 87미터 높이의 종탑을 짓고 시계도 걸었다. 완공 당시 이탈리아반도에서 일반 건축물에 달린 종탑

† 캄포 광장의 전경과 〈푸블리코궁〉

중 가장 높았다. 먼발치에서도 그 위용이 여지없이 드러난다. 들판에서 보면 〈시에나 대성당〉의 종탑과 언뜻 같은 높이로 보인다. 하지만 성당의 종탑은 77미터로, 언덕 위에 선 이점을 톡톡히 누리고 있다. 실은 시청의 종탑이 훨씬 높다. 시에나성의 위치를 토스카나 들판의 유랑자들에게 알리는 일종의 등대다. 시에나에서는 시민들의 힘이 교회 권력과 동등하거나 또는 그 이상임을 온 천하에 여실히 드러내는 징표다.

광장을 뜯어 보면 '3'과 '9'라는 숫자가 반복적으로 나타난다. 광장 바닥은 배수구를 중심으로 아홉 개의 면으로 분할되어 있다. 시청의 입면에는 트라이포리엄이라고 부르는 삼분할 아치를 가진 창이 연달아 있다. 정면도 셋으로 분할되어 있다. 양 측면은 3층으로, 가운데 부분은 4층으로 처리하였다. 중앙부가 돋보이고 동시에 측면은 광장을 향해 살짝 오므리고 있다. 다가오는 사람을 두 팔 벌려 맞이하는 것 같은 자세다. 성채 주택을 연상시키는 중앙부 꼭대기의 난간 디자인이 무척 흥미롭다. 카사티 족벌 가문의 권력을 제압하는 새로운 권력의 등장을 천명하는 듯 아

† 〈푸블리코궁〉의 정면

홉 개의 흉벽으로 – 활이나 총을 쏠 때 몸을 의지하고 숨기는 장치다 – 마무리되어 있다. '3'과 '9'라는 숫자가 중요하다는 걸 알 수 있다.

이 모든 일화는 '9인회'라고 하는 정치체제의 등장과 맞물려 있다. 1292년의 일이다. 변화를 이끈 주역은 상인들이었다. 비잔틴 제국과 우호 관계에 있던 몽골 제국의 쿠빌라이 칸의 덕을 본 이들이다. 안정적인 비단길을 통해 – 베네치아의 상인들이 콘스탄티노플을 거치는 루트로 중국, 인도와 교류했다면 시에나의 상인들은 탈라모네, 나폴리, 시칠리아를 거쳐 지중해 동부를 따라 아코르, 예루살렘, 다마스쿠스, 레서 아르메니아로 이어지는 무역로에 주력했다 – 부를 축적했고, 상거래를 하니 보다 합리적인 사고방식을 갖고 있었으며, 세상 곳곳의 민족, 문화, 풍토를 경험한 덕에 다양성을 이해하는 세계시민주의적인 시야도 갖추고 있었다. 당시 시에나 인구 5만 5천여 명 중 4천 명 정도가 일정 수준의 부를 축적한 상인층에 해당했다고 한다. 이들을 중심으로 교회 권력의 독주와 족벌 분쟁에 따른 혼란에 마침표를 찍는 새로운 정치체제가 탄생한 것이다. 시민 가운데 - 카사티 가문은 제외되었다 - 지혜롭다고 추대된 아홉 명이 모여 토론하며 정사를 논의하였다. 이들의 임기는 두 달로 제한되었고, 재임 기간 내내 숙식을 시청에서 해결하도록 했다. 혹여나 로비 대상이 되어 부정부패가 끼어드는 것을 원천적으로 차단한 것이다.

근대에나 등장할 법한 진보한 정치체제를 중세에 이미 도입하였다는 것은 신기하기 그지없다. 하지만 다른 각도에서 보면 시에나는 중세에 나타난 고대 아테네의 분신이기도 하다. 정의라는 주춧돌 위에 세워졌던 폴리스의 원형인 고대 아테네가 추구하던 시민 자치를 구현하고자 중세 도시국가 특유의 집단지도체제를 고안한 것이다. 아리스토텔레스는 『정치학』에서 바른 정치제도와 그른 정치제도를 각각 세 개씩 구분한 바 있다. 시에나의 9인회는 전자 중 하나로, 시민에 의해 선출된 지혜로운 사람들이 법을 제정하고 공동의 선을 위해 애쓰는 방식에 해당한다. 독재가 아니라 협치, 즉 절대자의 독백이 아니라 다양한 출신, 배경, 경험을 가진 다자 간 대화에 기초한 의사소통을 정치의 주춧돌로 삼았다. 피렌체가 15세기 이후 메디치가를 중심으로 걸었던 길, 즉 자본력을 지닌 소수가 권력까지 독점적으로 행사하는 과두제와 대척점에 서 있기도 하다. 카스텔라레 언덕의 유서 깊은 광장을 두고도 남동쪽 하부 경사지에 말발굽 모양의 거대한 광장을 조성한 것은 새로운 정치체제의 탄생과 자연스러운 권력 이동을 확증하는 것이었다. 교회 권력과 족벌 가문의 손아귀에서 벗어나 시민 주도의 정치 구도를 짜는 공간 구조의 혁신이다. 한 마디로 도시국가의 중심을 바꾸어 버린 것이다.

광장의 옛 모습을 추정하고자 앞서 소개했던 그림은 시에나 시청사 2층에 자리한 '9인회의 방(Sala dei Nove)'에 걸려 있다. 암부로조 로렌체티가 그린 〈선한 정부가 도시와 촌락의 삶에 미치는 영향〉이라는 프레스코화의 한 장면이다. 좋은 정치가 행해지면 광장에는 활력이 넘친다. 우아한 드레스와 튜닉을 입은 아홉 명의 젊은 남녀가 흥에 겨워 손을 맞잡고 단아한 몸짓으로 춤추고 있다. 하얀 레이스 베일 속에 환한 미소를 숨긴 신부와 짙푸른 튜닉 위에 금실로 수를 놓은 망토를 입은 신랑이 천천히 행진하며 결혼 서약을 하고, 노천카페의 차양 아래에 들어앉은 손님

들은 적포도주와 허브차를 마시며 여유롭게 수다를 떨고, 아케이드 상가에서는 식품, 직물, 의류, 향신료, 장식품, 종교용품을 놓고 밀고 당기는 흥정이 이어진다. 집마다 창문은 활짝 열려 있다. 발코니로 나온 이들은 누군가를 향해 손을 열심히 흔들어댄다. 수확의 때가 다가온 성 밖의 들판에선 농부들이 분주하게 낫을 놀리고 있다. 아기 돼지의 꽁무니를 가느다란 회초리로 살살 건드리며 성을 향해 총총 걸어가는 목동도 보인다. 피사, 제노바, 탈라모네로부터 떼 온 인기 상품인 금박 비단 나시즈를 말에 싣고 물건을 팔러 들어가는 비단길 무역상도 보인다.

† 암부로조 로렌체티, 〈선한 정부가 도시와 촌락의 삶에 미치는 영향〉
촌락을 묘사한 부분이다.

반면에 나쁜 정치는 도시민의 삶을 비참하게 만든다. 로렌체티의 또 다른 프레스코화 〈악한 정부가 도시와 촌락의 삶에 미치는 영향〉은 그 참혹한 현실을 생생히 보여준다. 광장에는 활기가 사라지고, 그 자리를 대신한 것은 불길한 공포감이다. 손을 맞잡고 춤을 추던 아홉 명의 젊은 남녀는 어디론가 종적을 감추었고, 노천카페에서 시시덕거리던 사람들도 사라지고 없다. 왁자지껄해야 할 아케이드에는 정적만 흐른다. 인적이 끊긴 광장은 이제 비인간적인 가치와 행위가 활개 치는 놀이터다. 배설, 투척, 기근, 탈취, 증오, 폭력이 난무하고 심지어 살인까지 벌어진다.

† 암부로조 로렌체티, 〈악한 정부가 도시와 촌락의 삶에 미치는 영향〉
도시를 묘사한 부분이다.

성 바깥이라고 별반 다를 것이 없다. 들판은 메마르고 척박하고 황폐하다. 거무스름한 죽음의 기운이 사방을 뒤덮어 수확할 것이라곤 보이지 않는다. 길을 오가는 무역상의 물건을 훔치려는 도적 떼가 곳곳에 은신하고 있다.

광장과 들판이 죽음의 폐허로 전락한 것은 두 개의 뿔이 달린 머리에 냉혹한 표정을 띠고 검은 옷 위에 자주색 망토를 걸친 폭군이 펼친 폭정의 결과다. 그는 탐욕, 교만, 허영으로 내면을 중무장하고 행동대장들의 호위를 받으며 분노, 기만, 배신, 분열, 분쟁을 부추긴다. 그런 그의 발 아래 맥없이 결박된 것이 하나 있다. 바로 정의의 화신이다. 흰 천에 돌돌 말린 채 끌려다니며 조리돌림을 당하다가 이제 곧 교수형에 처해질 찰나다. 정의의 부재 - 그것은 곧 도시의 종언을 불러온다는 것을 암시하고 있다.

'9인회의 방'에 시에나 최고의 화가가 그린 선정과 악정의 우화가 걸린 이유는 무엇이었을까? 이 그림은 무엇보다도 이 방에서 정사를 펼칠 권력자들을 위한 것이었다. 그들이 항상 초심을 잃지 않고 바른 결정을 내리도록 권면한다. 자신들이 내리는 결정 하나하나가 시민들의 기쁨과

슬픔, 행복과 불행, 그리고 삶과 죽음에 직결된다는 사실을 언제나 기억하게 한다. 사안을 보는 각자의 시각을 설명하고, 설득하고, 승복하고, 타협하고, 양보하고, 절충안을 내는 가운데 사익이 아닌 공동의 선을 좇도록 한다. 편협한 시각으로 섣부른 판단을 내려 결국 공멸의 길을 걸어가는 것이 아니라, 여러 집단이 모여 살아가는 시에나라는 도시국가의 지속가능한 공동의 번영을 추구하라는 이정표를 확고히 새겨 놓은 것이다.

일 년에 두 번 열리는 경주마 축제인 팔리오를 며칠 앞둔 들뜬 시에나의 광장을 방문한 적이 있다. 중세를 넘어 르네상스와 근세로 이어지는 역사의 장면들이 오버랩되며 형언할 수 없는 감동이 몰려왔다. 자세히 보니 시청 2층 정중앙에는 족벌 가문인 메디치가의 문장이 걸려 있다. 토스카나 전 지역을 정복한 코시모 1세가 시에나를 무릎 꿇리고 1560년에 내단 것이다. 숙적 시에나를 무릎 꿇린 후, 2층 홀 창가에 서서 광장을 내려다보며 코시모 1세는 무슨 생각을 했을까? 그리고 홀 뒤로 자리한 '9인회의 방'에 그려진 프레스코화를 보고 무슨 생각을 하였을까?

별 깨달음이 없었던 것일까? 코시모 1세의 행보는 9인회가 걸어온 길과는 정반대였다. 15세기 초반부터 도정이 시작된 메디치가 중심의 과두제는 그를 거쳐 드디어 공작정으로 변모한다. 1569년에 이르면 선조인 코시모 디 조반니 데 메디치가 다져온 공화정 기조를 홀랑 던져 버린 코시모 1세가 토스카나 전체를 지배하는 절대자로 등극하기 때문이다. 교회와 족벌 가문의 공고한 권력을 유혈 충돌 없이 시민 집단지도체제로 대체하고 공동 번영의 꽃을 피우려던 시에나의 꿈은 속절없이 사그라들고 만다. 하지만 아무런 흔적 없이 패배의 상처만 남은 비극은 아니었다. 시청을 구심점으로 한 말발굽 모양의 경사진 광장이 여전히 남아 있다. 몸에 새긴 지울 수 없는 표식처럼 말이다. 비록 피렌체의 독재 권력에 꺾였으나 중세의 아테네이자 근세 이전에 근세를 실험했던 시에나의 진보한 정신은 도시의 육신에 영원히 각인되어 있다.

넷.

르네상스 성곽도시와 운명공동체

쾌청한 초가을의 어느 날, 뉴욕 이스트 리버 강가에 자리 잡은 이탈리안 레스토랑의 테라스에서 다섯 사람이 담소를 나누고 있다. 전면의 두 사람은 강을 향해, 그리고 후면의 세 사람은 강을 등진 채 마주 보며 앉아 있다. 꼿꼿하게 각을 잡고 앉은 이는 아무도 없다. 흐느적거리듯 느긋한 자세를 하고 있다. 경쾌한 테라스형 철제 의자, 유연한 곡선 팔걸이가 달린 벤치, 목재로 투박하게 마감한 패러핏, 빨간 스틸 프레임에 검은 안장을 앉힌 자전거, 짙은 녹색을 띤 원뿔형의 사이프러스 나무, 가장자리에 이르러 유속이 잦아든 강물 - 평화로운 앙상블이다. 브런치를 마치고 난 후 감미로운 가을볕 아래 담소를 나누는 여유가 넘쳐난다.

그런데 이 여유로움을 기이하게 만드는 것이 있다. 바로 이들 머리 너머 눈에 들어오는 먼발치의 배경이다. 사이프러스 나무 사이로 대각선을 그리며 길게 남쪽으로 뻗어 가는 잿빛 연기가 선명하다. 근원지는 강 건너편에 자리한 415미터 높이 마천루 두 동의 상층부다. 화염에 휩싸여 활활 타오르고 있다. 투명한 샘물에 다량의 흑색 잉크를 풀어 놓은 것처럼 파란 하늘을 배경으로 또렷하게 부유하는 시커먼 연기가 끊임없이 뿜어져 나온다.

2001년 9월 11일 정오 무렵, 토마스 휩커가 윌리엄스버

† 토마스 휩커가 2001년 9월 11일 이스트 리버 강가에서 촬영한 사진

그에서 맨해튼을 바라보며 찍은 사진에 포착된 장면이다. 8시 46분, 그리고 9시 3분. 〈세계무역센터〉에 항공기가 차례로 충돌한 후 두세 시간쯤 흐른 뒤다. 고막을 찢는 굉음, 마천루를 대나무처럼 흔들어대는 진동, 맹렬하게 타들어가는 3만 5천 리터의 등유, 사방에서 밀려드는 섭씨 천 도를 넘는 불꽃, 기둥과 보를 흔적도 없이 녹이는 열기, 사방으로 날아다니는 날카로운 파편들, 광대한 불투명 포대로 뒤덮인 것 같은 암흑, 플라스틱, 섬유, 유리가 일시에 죄다 타들어 가며 뿜어내는 폐부를 매섭게 파고드는 유독가스. 엘리베이터는 작동을 멈추었고, 피난계단은 살기를 품은 열기와 유독물질로 가득 차 있다. 살아남을 방도가 없다. 파편에 찔리거나, 낙하하는 물체에 부딪히거나, 감전되거나, 불꽃에 타들어 가거나, 열기에 순식간에 익어버리거나, 질식사하거나 아니면 바닥이 무너져 내릴 것이다. 선택의 여지가 없다는 것을 깨달은 이들은 수백 미터 상공인데도 스스로 몸을 던진다. 꿈에도 상상해 보지 못한, 죽음을 향한 자유 낙하다. 이런 가슴 저미는 참상이 눈에 들어오기에는 너무 멀어서였을까? 강 건너편 테라스에 마주

앉은 다섯 사람은 놀랍도록 침착하고 여유롭고 한가하다.

'강 건너 불구경한다'라는 말이 있다. 몇 발짝 앞에서 빤히 벌어지는 일인데도 냉혈한처럼 아무런 감흥을 느끼지 못하고 반응하지 않는 상황을 일컫는다. 강 건너 일이라서 그랬던 것일까? 전무후무한 재난이 그저 머나먼 스펙터클로 다가오는 것을 휩커의 사진은 포착하고 있다. 햇살이 포근한 날, 호수처럼 잔잔한 지중해의 어느 해변 가장자리에서 담소를 나누는 것처럼 여유롭게 보일지라도, 이들의 마음속은 황망, 비탄, 절망, 무기력의 감정으로 가득 차 있을 수 있다. 하지만 자세만 놓고 보면 기이하다. 이면의 불타는 마천루와 전면의 유유자적한 모습은 처음부터 하나의 사진이라고 믿기 어렵다. 시계(視界)의 한구석을 멀쩡히 차지하고 있는 비극의 풍경은 이들의 마음속에 어떤 감정을 불러일으켰던 것일까? 이들은 어떤 주제로 대화를 나누었던 것일까? 공존할 수 없는 두 장면을 가위로 잘라 억지로 붙인 것만 같다.

기이함이 한편으로는 이해가 된다. 옥스퍼드대학교의 문화인류학자 로빈 던바는 얼굴과 이름을 알고 '친밀하게'

지낼 수 있는 공동체의 크기는 150명 정도라고 했다. 얼굴을 인지하는 정도로 '알고 지내는' 공동체의 규모는 5백 명 정도라고 하였다. 맨해튼을 포함한 뉴욕시의 인구는 840만 명이다. 친밀한 공동체가 되기에는 무려 5만 6천 배나 큰 규모다. 이 계산법에 따르면 서울 같은 인구 천만의 도시는 더 냉랭한 곳이 되기 쉽다고 봐야 한다. 자그마치 6만 7천 배나 더 많지 않은가?

사실 서울보다 더 냉랭할 것 같은 도시도 세상에는 많다. 친밀한 공동체 기준치와 10만 배 이상 차이 나는 곳도 있다. 150여 명에 이르는 지인을 빼고 나면 그야말로 낯선 이들이 시루의 콩나물처럼 빽빽하게 들어찬 곳이 대도시이니 각자도생은 당연하다. 동료 시민이 딱히 사랑할 구석이 있는 것도 아니다. 비 오는 날 우산 없이 택시를 기다리다 휙 새치기를 당하면 도시가 마치 적들이 포복하고 있는 비정한 전쟁터처럼 다가오기도 한다. 모니터를 통해 끊임없이 송출되는 자극적인 스펙터클은 신체를 파고드는 전율을 일으킬 만큼 강렬한 감각적 힘을 상실한 지 오래되었다. 타자와 모여 살아가는 거대도시에서 발생하는 누군가에게 닥친 재난도 비슷하다. 나와는 별반 상관없는 일이다. 감흥이 일지 않는다. 시계의 정중앙이 아니라 한 귀퉁이에 선, 주목받지 못하는 스펙터클일 뿐이다. 이스트 리버 건너편에서 벌어지는 일은 '뉴욕'의 동료 시민에게 일어난 일이 아니라 정말 강 건너의 일이다.

경계를 무너뜨리고 끝도 없이 확장하는 수백만의 도시와 대척점에 서 있는 도시를 들라고 하면, 수만 명 정도가 모여 사는 성곽도시가 떠오른다. 엄습한 재난이 밋밋한 또 하나의 이미지로 다가오는 곳! 각자 살길을 찾아 뿔뿔이 도생하는 곳! 이 거대도시의 탄생 과정에서 해체의 운명을 맞이한 것이 성곽이다. 태어나고 보니 천만의 도시인지라 성곽도시는 살아본 적 없는 상상 속 도시다. 성곽도시는 어떤 곳이었을까? 먼발치에 어김없이 수 미터가 넘는 탄탄한 벽이 서서 시선을 받아주는 곳이다. 지평선이 잠시 가려진 곳이다. 지평 너머의 신세계를 향한, 그리고 신세계 너머의 무한대를 향한 정복의 욕망을 좇는 시선을 좌절시키고, 끝이 있고 영역이 있고 경계가 있음을 언제나 떠올리게 하는 도시다.

르네상스 시대의 천재 건축가 레온 바티스타 알베르티가 꿈꾸었던 이상적인 도시도 성곽도시였다. 공화정과 공작정, 이 두 정치체제가 중첩되던 때였다. 피렌체에서는 13세기부터 백여 개의 가문들이 경제, 정치, 문화, 종교 분야에서 치열한 경쟁을 벌였다. 15세기에 들어서서 메디치, 스트로치, 루첼라이 등의 가문이 두각을 나타내고, 가문의 사익을 넘어 일반 시민의 삶의 질을 높이고자 축적한 부를 재투자하는 공화정 체제가 자리 잡는다. 하지만 시간이 지날수록 경제, 정치, 종교 권력이 메디치가로 쏠리는 불균형이 나타났다. 이런 불균형은 16세기에 이르러 공작정의 정립으로 완결된다. 코시모 1세는 1537년 피렌체의 공작으로 즉위하고, 1569년 토스카나 전체를 지배하는 절대권력자로 등극한다. 중세 토스카나 곳곳을 분쟁으로 몰아넣었던 족벌 가문 통치가 르네상스 시대로 들어서면서 공화정을 지나 특정 가문과 대표자에게 권력이 집중되는 공작정으로 변모한 것이다.

공작이라는 권력자의 등장과 함께 도시는 변모한다. 중세에는 방어에 유리한 구불구불하고 들쑥날쑥한 자연 암반 위에 둔중한 수직 벽체와 타워를 갖춘 성을 만들었다. 그러나 상황은 르네상스 시대를 맞이하며 달라진다. 권력을 손에 쥔 공작의 의지에 따라 반반한 땅에 상대적으로 낮고 두꺼운 벽을 기하학적으로 재단해 구축하는 계획도시가 등장한다. 들쭉날쭉한 성곽이 별 모양으로 정형화된다. 돌출된 보루를 만들어 사각지대도 없앴다. 적군이 어디에 있건 놓치지 않고 대포를 쏠 수 있도록 개선한 것이다. 성벽 전면은 경사진 둔덕으로 덮었다. 포탄으로부터 성벽을 보호하고 접근하는 적군을 식별하는 데에도 아주 효과적이었다. 성벽을 따라 해자를 두르기도 한다. 성벽 안으로 들어가면 중심부에서 방사선 형태로 길이 뻗어 나간다. 때로는 두부를 썬 것처럼 격자형으로 반듯하게 정리된 도시 구획도 이루어졌다. 공성에 대비하여 암반 위에 깎아지른 성벽을 갖춘 것이 중세 도시라면, 권력자의 의지를 담아 과감하게 평지로 나와 컴퍼스와 자로 재단한 것이 르네상스 도시다.

　알베르티가 묘사한 두 도시는 각각 공화정과 공작정을 정치체제로 상정했다. 먼저 공화정 도시의 모습은 마르케

주 우르비노의 두칼레 궁전 - 현재 마르케 국립미술관 - 에 걸린 그림 한 장으로 유추해 볼 수 있다. 공화정 도시에 대한 묘사가 담긴 알베르티의 『건축술에 관하여』라는 책이 완성된 것은 1452년이다. 이로부터 약 40년 뒤에 누군가가 알베르티의 공화정 도시에 영감을 받아 그린 것이다. 우측 후면으로 알베르티가 설계한 교회가 서 있고, 그 뒤로 토스카나의 언덕이 살짝 보인다. 이 언덕의 능선을 깎고 메워 평평한 판을 만들고 그 위에 도시를 세웠다. 건물을 보면 르네상스 시대의 디자인 원리가 반영되어 있다. 수평과 수직으로 분절을 명확히 하되, 시루떡을 층층이 얹듯 입면을 처리하여 수직선보다는 수평선을 강조한다. 같

† 작자 미상, 〈이상도시〉(1490년대 추정)

은 폭의 베이를 반복하여 질서정연한 느낌이 든다. 이런 건물들을 좌우로 세우자, 모든 수평선이 가상의 중심을 향해 돌진한다. 광장 바닥에 깔린 돌도 소실점을 향해 수렴한다. 알베르티가 확립한 투시도 작도법을 따라 그린 도시다. 좌우대칭, 전면, 중간, 후면 사이에 기하학적으로 조율된 거리감의 표현, 중앙의 소실점을 향한 집중성 – 이전에는 나타난 적이 없는 말끔히 정돈된 도시다.

도시 정중앙에 자리 잡은 건물이 특이하다. 동그란 형태로 지었다. 지혜로운 자들이 모여 정사를 논하는 의회당이다. 도시를 가로지르는 중심축을 따라 가장 잘 보이는 곳에 터를 잡고 있다. 이 건물의 중요도는 전면에 넓은 광장이 놓여 있다는 점에서도 드러난다. 교회를 중심으로 조성되었던 중세 광장과 다르다. 사실 이 도시에서 교회는 광장으로부터 멀찍이 떨어진 후면 깊숙한 곳에 자리 잡고 있다. 대신 광장 중심에 의회를 앉혔다. 도시 중앙은 시민들이 접근하기 가장 쉬운 곳이기도 하다. 원의 형태로 지은 이유도 시민들이 어느 방향에서 오든 다가오기 쉽게 배려한 결과다. 시민들의 효율적인 접근을 고려한 것이다. 실제로 문은 사방으로 나 있다. 전면에 놓인 광장의 좌우로 팔각형 모양의 샘이 하나씩 자리 잡고 있다. 누구든 와서 마시고 길어 갈 수 있도록 울타리도 딱히 없다. 물이 귀한 이 도시에서 살아가는 데에 가장 중요한 생명수를 의회 앞 마당에서 공급하는 것이다. 의회당 양쪽으로는 우아한 고전풍 기둥과 아치로 장식한 아케이드를 갖춘 건물들이 줄 지어 서 있다. 상업활동을 위한 상점과 공방도 있다. 아케이드 위로는 공무원, 집행관, 기술자들을 위한 사무실이 있다.

알베르티가 그린 공화정 도시는 시민을 재주, 지혜, 체력에 따라 세 부류로 구분하고, 상업, 행정과 방어, 정치의 영역에 각자 종사하도록 조율된 도시다. 세 부류의 사람들이 서로 재능과 역량의 차이를 인정하고 연대하며 살아가는 도시에 대한 아이디어는 알베르티가 플라톤의 『공화국』을 읽고 생각해 낸 것이었다. 특히 소크라테스가 언급한 '고귀한 거짓말'이 큰 영감을 주었다. 이 이야기에 따르면 사람은 모두 대지에서 태어나 본질적으로 하나지만, 한편으로는 금, 은, 철, 동이 서로 다른 비율로 섞여 태어나기에 세 부류로 나뉘게 된다. 양식을 재배하거나 물건을 만들거나 상업활동에 종사하는 이들, 공무원이나 용사처럼 법을 집행하거나 도시를 지키는 이들, 정사를 펼치는 이들로 구성된다. 가장 마지막 부류의 사람들은 무엇보다도 지혜를 갖추어야 한다. 동굴에 비친 그림자를 보고 허상에 빠지는 대신, 밝은 빛이 쏟아지는 진리의 세계로 걸어 나와 실상을 꿰뚫어 볼 수 있어야 한다. 함께 숙식하는 공동체의 삶을 살며 오직 공동의 선을 위해 헌신한다. 이들 중 가장 지혜로운 자는 군주가 되기도 한다.

정사를 관장하는 이들은 권위를 지니지만, 검소한 삶을 살고 보수를 받지 않는다. 용사는 일하지 않으나 도시의 안전을 책임지며, 전쟁이 나면 목숨을 걸고 시민을 위해 싸워야 한다. 농업, 공업, 상업에 종사하는 이들은 다른 두 그룹을 먹여 살리고 적정 수준의 부를 축적할 수 있다. 자기가 해야 할 일과 할 수 없는 일들을 이해하고, 만족을 금과옥조로 여긴다. 맡은 역할을 수행하는 것이 사익을 넘어 공익에 기여하는 길이자 자아실현의 길이기도 하였다. 중요한 점이 하나 더 있다. 시민 개인이 어떤 부류에 속할지는 미리 정해져 있지 않다. 금이 많이 섞인 자손이 농부에게서 나온다. 은이 많이 섞인 자손이 정사를 주관하는 이에게서 나온다. 신분 세습을 불허하면서도, 각자의 재능과 역량에 맞추어 역할을 분배하는 공동체 구조를 갖춘 도시였다.

알베르티가 그린 두 번째 도시는 공작정에 기초한 것이다. 알베르티는 공화정은 적절한 정치체제로 생각했던 반면 공작정에는 의문을 품었다. 부패하기 쉬운 정치 형태이기 때문이다. 실제로 공작이 힘을 더 키우면 두 갈래의 길이 앞에 펼쳐진다. 하나는 선한 군주, 다른 하나는 악한 폭군이 되는 길이다. 둘 중 전자, 즉 선한 군주의 길로 나아갈 가능성은 얼마나 될까? 제어 받지 않는 권력을 누리면 아무리 선한 군주라도 이내 폭군으로 변하지 않을까? 네로 황제도 집권 초기에는 선정을 베풀었다고 한다. 하지만 이내 권력을 향한 욕망과 집착에 빠져들어 정적은 물론이고 어머니까지 가책 없이 살해했다. 결국 사치와 향락을 일삼으며 시민의 삶을 도탄으로 내몰았다.

마찬가지로 그림 한 장이 공작정 도시의 구체적인 모습

을 이해하는 데에 도움이 된다. 공화정 도시를 묘사한 그림과 짝을 이루며, 비슷한 시기에 그려졌다. 그림 전면을 차지한 것은 널따란 광장이다. 자그마한 분수가 중앙에 하나 있고, 가장자리에는 조각상을 얹은 네 개의 기둥이 서 있다. 도시 중앙에 선 세 채의 건물은 콜로세움 모양을 한 스타디움, 적을 물리치고 귀향하는 황제와 제독이 의기양양한 모습을 뽐내며 지나가는 개선문, 그리고 다각형 첨탑을 갖춘 교회다. 개선문을 정중앙에 배치했다. 군사력이 권력 유지의 핵심 방편임을 상징적으로 보여준다. 군정 체제를 확인시켜 주는 것은 또 있다. 왼쪽 전면 기둥 위에 올

† 프라 카르네발레, 〈이상도시〉(1480~1484)

라탄 조각상은 정의의 여신상이다. 그리스 신화 속 정의의 여신인 테미스와는 그 모습이 조금 다르다. 테미스는 한 손으로는 저울을 높이 들어 올리고 다른 한 손에는 바닥으로 늘어뜨린 칼을 들고 있다. 아니면 아예 칼은 빼고 저울만 들고 있기도 한다. 칼이 거짓을 말하는 자나 범죄자를 가차 없이 처단하기 위한 것이라면, 저울은 공정함, 즉 균형의 희구를 의미한다. 하지만 그림 속 여신상은 다르다. 생략된 것은 칼이 아니라 저울이다. 칼을 높이 들어 하늘을 찌르고 있다. 호전적인 느낌이 물씬 배어난다. 불공정을 피하려는 자제와 신중함은 사라지고 없고, 자그마한 잘못에도 칼을 들이대고, 한 톨의 모자람 없이 응분의 값을 치르게 하려는 기세가 등등하다. 정의와 자비 사이에서 미묘한 줄타기를 하며 적절한 균형을 찾기보다 사소한 실수에도 처벌과 징벌을 앞세우는 무자비의 그림자가 짙게 깔린 도시다.

개선문 정중앙에 자리한 아치를 통해 어슴푸레 보이는 것은 폭군이 거주하는 궁이다. 이 궁은 흥미로운 지점에 위치한다. 성벽 안도 바깥도 아닌 어정쩡한 곳이기 때문이다. 이 거주지 자체가 하나의 성이기도 하다. 어째서 도시 안도 바깥도 아닌 애매한 곳에 자리를 잡았을까? 궁의 이중적인 위치는 시민들을 힘으로 제압하여 권좌에 오르고 공포정치를 펴는 지배자의 편의주의적 속성을 보여주고 있다. 적이 오면 궁 안으로 숨어 들어간다. 궁이 성의 중심부가 아니라 끄트머리에 있는 까닭은 침략군에 맞서 시민과 하나가 되어 싸우는 대신, 전면에 백성들을 내보내 싸우게 하고 지배자는 높은 곳에 올라 뒷전에서 관망하려는 것이다. 폭정에 항거하여 시민들이 궐기할 때도 도주하기 유리한 위치다. 군사력을 동원해 봉기를 막는 데에 실패하더라도 지하로 뚫어 놓은 굴을 통해 미리 마련해 놓은 성 밖 비밀 요새로 도망치면 그만이다.

폭군의 도시는 기이한 성곽도시다. 성곽도시의 참다운 의미를 망가뜨리는 기회주의적 도시다. 본디 성곽은 시민들을 하나로 묶어준다. 어디를 둘러보아도 항상 눈에 들어오는 성곽 덕분에 그 안에서 살아가는 이들은 서로가 운명공동체라는 것을 직감적으로 알아차린다. 시장에서, 카페에서, 광장에서, 길거리에서 만나는 이들은 모두 낯선 이

　방인이 아니다. 바깥이 아닌 성곽 안에 거주하는 운명공동체의 일원이 아닌가? 말을 트는 것이 어렵지 않다. 성벽 안에 같이 거주한다는 사실만으로 그들은 이미 동료다. 성곽 안에 있는 이들과 조우하는 곳이기에 카페, 펍, 거리, 광장은 사교의 장이 된다.
　성곽도시가 남긴 유산은 바로 시민 사이의 연대감이다. 집 주변을 빙 두른 높은 담장이 보금자리를 요새로 만들고 가족을 궁극적인 보호 대상으로 설정한다면, 성곽은 집의

---

† 알베르티가 묘사한 폭군의 도시를 후대에 상상한 그림
　위쪽에 튀어나온 별 모양 부분이 폭군이 사는 요새다.
　평상시에는 시민을 감시하고 통제하다가 유사시에는 쉽게 도주할 수 있도록 설계된 구조다.

자폐성을 깨고 가족을 넘어 다른 시민과 연대하여 도시 자체를 궁극적인 보호 대상으로 설정한다. 최후의 보루인 성곽이 무너지면 도시가 무너지고 너나 할 것 없이 모두 목숨을 잃을 것이 뻔하니, 하나뿐인 목숨을 내어놓더라도 성을 지키는 것은 시민의 암묵적 약속이자 의무였다. 기근, 홍수, 지진이 닥치면 먹을 것을 나누고 피난처를 공유하고 적이 침입하면 목숨을 걸고 싸운다. 황제, 상왕, 군주, 공작을 향한 충성심이라는 이데올로기 때문에 목숨을 건 희생의 길을 걷는 것이 아니다. 보로디노의 전장에서 어느 병사가 숨이 끊어질 찰나에 핏물이 스민 손으로 생명줄처럼 끝까지 움켜쥔 것은 사진 한 장이 박힌 낡은 펜던트였다. 사진 속 주인공은 나폴레옹도 알렉산더 1세도 아니다. 절명의 순간에 마음을 뜨겁게 채운 것은 빛바랜 사진 속 어머니, 아버지, 형제자매, 연인, 친구, 선생님이다. 만나본 적도 없는 권력자들이 영광은 고사하고 아무런 명분도 없는 죽음으로 내몰았단 말인가? 허상 같은 것이 꽃도 피우지 못한 젊은 목숨을, 가금을 다루듯 매정하게 앗아갔단 말인가? 성곽도시는 다르다. 추상적인 가치를 위한 헛된

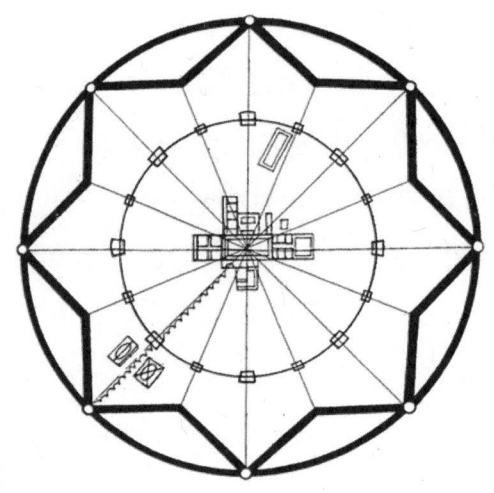

희생이 아니다. 도시가 만나게 해 준 사람들 - 부모와 형제는 물론이고, 빵집 주인, 채소 가게 아르바이트생, 펍에서 만난 할아버지, 시청 창구 직원 등 - 그리고 일상을 떠받들어 주었던 장소들 - 광장, 길, 포구, 카페, 시청, 도서관, 놀이터 - 을 지키기 위해 싸우다 스러지는 것이다.

반대로 폭군의 도시가 기이한 이유는 성곽은 있으나 운명공동체로서의 의식은 존재하지 않는 분열과 기회주의의 도시이기 때문이다. 재난, 재해, 전쟁의 시기에 도시를 지키겠다고 나서는 이가 있을까 의문이 든다. 담장을 둘러

† 건축가 필라레테가 15세기에 제시한 이상도시 스포르진다(Sforzinda)
중앙에 있는 광장을 중심으로, 선정을 베푸는 공작의 궁, 시민을 위한 시장, 공작과 시민이 함께 예배하는 교회가 들어서 있다. 폭군의 도시와 달리 모두가 운명공동체로 결속되어 있는 구조다.

치고 대문을 걸어 잠그고 본인과 가족의 목숨을 지켜나가는 것이 가장 중요하다. 압제에 시달린 백성이 새로운 대체 세력이 등장했을 때 폭군을 지키겠다고 나설 리 만무하다. 언제든 줄행랑을 칠 준비가 되어 있는 폭군 역시 시민들의 삶의 터전인 도시를, 목숨을 걸고 지킬 리 없다. 미풍에도 흩어져 버리는 메마른 콩가루 같은 도시다.

맨해튼에 벌어진 세기의 재앙은 강 건너 불이다. 머나먼 누군가의 비극이다. 공동의 대응을 전개하며 함께 풀어나가야 할 일이 아니라, 그저 감흥 없는 스펙터클일 뿐이다. 신영복 선생의 산문집에 나오는 문구가 떠오른다.

"개인과 개인의 아득한 거리…
인간관계가 대안(對岸)의 구경꾼들 간의 관계로
싸늘히 식어버린 계절."

어쩌면 우리는 한 여름이라도 이런 냉랭한 계절을 살고 있는지도 모른다. 한없이 커진 도시, 각자도생하는 익명의 군중, 운명공동체라는 의식의 상실. 이 셋은 서로 연결되어 있다. 공화정 성곽도시의 삶을 상상해 보는 것은 르네상스 시대로 되돌아가자는 것이 아니다. 거대도시라는 공간 구조가 어쩌면 은밀하게 배양하고 있는 무감각, 무관심, 추상성을 한 번쯤 되돌아보자는 것이다. 성곽이 해체된 거대도시는 망막한 황야와 같다. 이곳에도 전염병, 홍수, 기근과 같은 재난이 닥친다. 참혹한 전쟁도 때로는 피할 수 없다. 누구와 어떻게 연대할 수 있을까? 누구를 붙잡고 헤쳐 나가자고 이야기할 수 있을까? 휩커가 담은 사진 속 풍경은 메시지를 던진다. 성곽이 해체되고 경계를 모른 채 끊임없이 확장해 가는 통에 냉담함과 익명성이 만연하고 운명공동체라는 말이 무색해진 거대도시에 재난이 드리우면, 우리는 살갗을 뚫고 들어와 폐부를 진동시켜 끓게 만드는 강렬한 감각적 힘을 상실한 밋밋한 한 장의 또 다른 스펙터클로 받아들일 것임을….

다섯. ────────────────

피사로의 프렌치 카페

　파리를 걷다 보면 불바르(Boulevard)나 애비뉴(Avenue)라고 불리는 대로들이 여럿 교차하는 장면을 심심찮게 볼 수 있다. '세종대로 사거리'처럼 네 개의 대로가 만나는 것이 아니다. 파리의 상징물 중 하나인 〈개선문〉을 구심점으로는 열두 개의 대로가 뻗어 나간다. 야밤에 창공에서 내려다보면 마치 별에서 열두 개의 빛줄기가 뿜어져 나가는 것 같다고 하여 '에투알'이라는 애칭이 〈개선문〉에 붙기도 하였다. 〈가르니에궁〉 앞도 마찬가지다. 일곱 개의 대로가 교차한다. 〈가르니에궁〉에서 〈루브르궁〉 쪽으로 뻗은 오페라 애비뉴를 따라가다 보면 예각과 둔각으로 여기저기가 잘린 블록들이 줄지어 늘어선 것을 볼 수 있다. 골목길이 불규칙적으로 나타난다. 40미터를 가면 골목길이 하나 나오고, 그다음은 70, 15, 55미터 이런 식이다. 어느 곳은 아예 골목길 두 개가 대로와 바로 만나기도 한다. 14번가에서부터 155번가까지 80미터와 274미터 크기의 장방형 블록을 바둑판처럼 배열한 뉴욕 맨해튼의 규칙적인 리듬감과는 다르다. 크기와 모양이 조금씩 다르지만, 대체로 대형 블록을 만들고 - 그 한 변의 길이가 최대 900미터에 이른다 - 이를 다시 잘게 (가구로) 분할하는 서울 강남의 구획과도 다르다. 바로 이 점에 파리의 특색이 있다. 근대 대로와 중세 골목길이 기이한 각도로 만나 만들어지는 이질적인 가로망과 블록의 도시가 파리인 것이다. 그리고 특기할 만한 점이 있다. 그 접점마다 특이한 모양의 코너가 만들어진다. 한 마디로 파리는 코너의 도시다.

〈개선문〉을 시작점으로, 팔방으로 뻗은 열두 개의 대로 중 여덟 개를 새로 뚫고, 오페라 애비뉴를 조성한 사람은 조르주외젠 오스만 남작이다. 그가 파리에 만든 길은 80킬로미터에 달한다. 대로를 곳곳에 뚫은 데에는 몇 가지 이유가 있었다. 당시 파리의 주거 여건은 열악하기 그지없었다. 4층에 다락방까지 얹은 건물들이 2미터 남짓한 구불구불한 가로를 두고 양편에 줄지어 서 있었다. 마차 한 대도

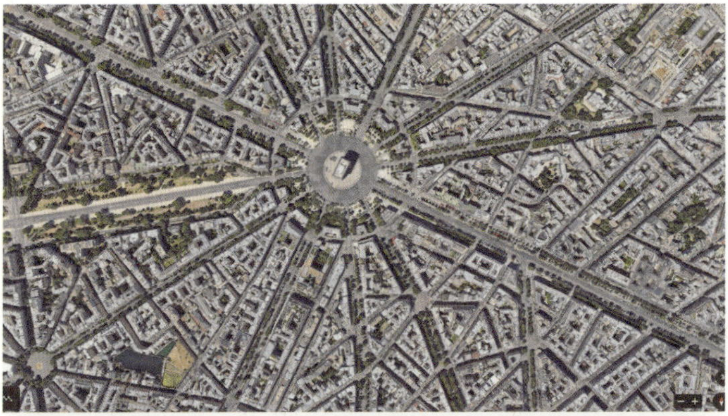

† 〈개선문〉을 중심으로 뻗어 나가는 열두 개의 대로
† 〈가르니에궁〉 앞에서 교차하는 일곱 개의 대로
† 19세기 중후반 파리의 도시 혁신을 주도한 조르주외젠 오스만 남작

지나다닐 수 없을 정도로 협소한 길이었다. 대낮인데도 깊숙한 우물 바닥에 서 있는 것처럼 침침했다. 창이라고 뚫어 놓았으나 어둠을 몰아낼 한 줌의 빛만 겨우 들어올 뿐이었다. 환기도 제대로 될 리가 없으니 숨이 턱턱 막혔다. 전염병이라도 돌면 순식간에 창궐하기 안성맞춤인 곳이었다. 작은 불씨도 삽시간에 몸집을 불려 온 골목을 잿더미로 바꿀 것이 뻔한 구조였다. 물론 정치적인 이유도 빼놓을 수 없다. 정글처럼 얽힌 골목길은 시민군들이 바리케이드를 치기에 딱 좋았다. 요리조리 꺾이는 바람에 대포를 쏘기가 어렵고, 이리저리 빠져나갈 구멍이 많다는 것 또한 골목길을 밀어버려야 하는 이유였다. 넉넉한 대로에 플라타너스, 마로니에, 보리수, 느릅나무를 줄지어 심고, 밝은 크림색의 루테시안 석회암, 우아한 난간으로 장식한 발코니, 망사르드 지붕이 특징인 6층 건물을 연이어 배치하고, 길 끝에는 〈오페라 하우스〉와 같은 멋진 건물을 두어 아름답고 기품 있는 도시를 만들고자 하는 바람도 컸다.

그러나 오스만이 대로를 뚫은 과정은 지극히 폭력적이었다. 1850년대 말 당시 파리의 인구는 110만에서 120만

명 사이였다. 이 중 오스만의 파리 개조로 30만 명 이상이 집을 잃고 거리를 헤맸다고 한다. 땅이 뒤집히고 지하의 뼈대가 적나라하게 드러나고 멀쩡한 건물의 반이 싹둑 잘려 나갔다. 대로를 중심으로 지가가 폭등하고 부르주아를 위한 고급 주택과 상가 개발이 이뤄지는 사이 저소득층은 빈민촌과 외곽으로 쫓겨났다. 열악한 주택이건만 공급이 수요를 따라가지도 못했다. 지방에서 이주해 온 농민들과 도심에서 쫓겨난 서민들은 서로 경쟁하듯 집을 구해야 하는 상황에 내몰렸다. 중간계층 지주와 시행사는 이 기회를 놓치지 않고 궁지에 몰린 이들의 처지를 이용해 이득을 꾀했다. 그들은 파리 동북부 변두리에 벽돌조 공동주택을 지어 임대하거나 판매하는 방식으로 수익을 올렸다. 아무리 발버둥 쳐도 주거지를 구할 수 없어 빈민촌을 전전하다 도심지 대로를 따라 들어선 오스만풍 석조 건물의 다락방으로 돌아온 이도 많았다.

 멀쩡하던 상권도 무너졌다. 산업용 물류 이송의 중심지이자 상업지역으로 명성을 떨쳤던 생마르탱 운하가 자리한 지역이 좋은 예다. 대로가 운하를 대체하면서 이 지역은 순식간에 나락의 길을 걷게 되었다. 물류 이송이 중단되고, 상점이 빼곡히 들어서 있던 좁은 골목과 건물들이 해체되었다. 딴 동네로 이전하고 싶어도 목 좋은 곳의 임대료는 이미 천정부지였다. 폐업 후 하층 노동자로 전업하는 것 말고는 뾰족한 방도가 없었다. 구부러진 도로를 직선으로 펴고 넓히는 과정에서 방해꾼 역할을 하는 역사 유산은 거리낌 없이 무자비하게 훼손되었다. 시청사 주변, 시테섬, 그랑 샤틀레, 생자크가에 있던 고대 로마, 중세, 르네상스 시대에 구축된 건축물과 길들이 가차 없이 파괴되었다. 유서 깊은 묘지인 레알(Les Halles) 지역의 공동묘지도 파헤쳐졌다. 다이너마이트로 건물을 폭파하고, 증기 구동 굴착기와 굴삭기로 땅을 헤집고, 크레인으로 건축 자재를 날랐으며, 수압 프레스로 철판을 성형하고, 터널 보링 머신으로 언덕을 뚫었다. 장장 20년 이상을 기계음, 흙먼지, 돌가루가 뒤엉킨 시내를 걸어야 했던 파리지앵들은 오스만을, '신의 채찍'이라고 불리는 전설적인 훈족의 지도자 아틸라의 화신이라고 조롱하기도 했다.

그런데 여기서 생각해 볼 점이 있다. 오스만이 벌인 도

† 19세기 중후반 도시 정비 과정이 야기한 혼란과 혼돈의 파리 모습을 여과없이 보여주는 풍경

시 개조의 폭력성에도 불구하고 불과 20년 내지 30년이라는 도시사에서는 비교적 짧은 시간에 그가 뚫은 대로는 '파리!' 하면 떠오르는 도시의 상징으로 자리 잡았다는 것이다. 새로 생겨난 대로는 일단 깔끔했다. 석조와 주철로 건축한 공중화장실이 곳곳에 설치되자 행인들의 노상방뇨가 사라졌다. 하수도 체계를 정비하고 정기적으로 물을 뿌려 거리의 청결을 유지하였다. 대로를 따라 양옆에 늘어선 플라타너스, 마로니에, 보리수는 아늑한 그늘을 드리웠다. 볼거리도 많았다. 건물 1층은 널따란 투명 유리를 두른

상점들로 채워졌다. 상층부에는 발코니를 내단 우아한 베이 윈도가 달렸다. 베이 윈도는 빛과 바람을 실내로 끌어들이는 데에 효과적이다. 발코니로 나와 대로의 풍경을 난간에 기대어 조망할 수 있는 곳이기도 하다. 마차는 물론이고, 빅토리아 컨버터블, 16인승 옴니버스 마차가 승객들을 저마다 태우고 분주하게 움직였다. 오페라 공연을 알리는 포스터로 치장한 모리스 기둥도 행인들의 눈에 여기저기 들어온다. 마르디 그라와 같은 축제의 무대도 다름 아닌 대로였다. 거리를 거니는 사람들의 패션 또한 멋스러웠다. 여성은 허리가 잘록하게 강조된 코르셋 드레스와 프릴, 레이스, 자수로 장식한 스커트를 겹쳐 입고, 깃털이나 꽃으로 꾸민 화려한 모자를 쓰고 기다란 장갑을 끼었다. 남성은 녹말을 먹인 빳빳한 흰 셔츠에 조끼와 프록코트나 테일코트를 겹쳐 입고, 목에 크라바트나 아스코트를 매고 탑햇이나 보울러햇을 쓴 후 지팡이와 회중시계로 마무리하였다. 바라보고 바라다보이는 시선이 교차하는 대로를 무대로, 파리는 세계 패션의 중심지로 부상하고 있었다. '아름다운 시절', 즉 벨 에포크(Belle Époque)는 이렇게 등장한 것이다.

불바르가 회화의 주제가 된 것이 바로 이때였다. 귀스타브 카유보트의 회화가 대표적이다. 〈오스만대로의 발코니〉는 두 신사가 오스만풍 건물의 발코니에서 플라타너스 녹음이 우거진 불바르를 바라보는 장면을 담고 있다. 한 사람은 난간에 기댄 채 근경을, 또 한 사람은 호주머니에 손을 넣고 벽에 기댄 채 중경을 감상하고 있다. 발코니는 공중에 마련된 새로운 정박지였다. 쏟아지는 빛, 신선한 바람, 무성한 녹음, 마차와 행인의 분주한 움직임으로 채워진 거리의 풍경은 일상에 활력을 불어넣는 생기 넘치는 영화의 한 장면 같았다. 〈파리의 거리, 비 오는 날〉은 당시 파리의 모습을 다른 각도에서 포착하고 있다. 어스름한 늦은 오후의 길거리, 빗물 젖은 화강석 돌바닥에 가로등의 엷은 불빛이 반사된다. 사람들의 표정은 정제돼 있고 거리는 차분하다. 오스만의 도시계획 원칙에 따라 직선으로 쭉 펼쳐진 모흐꾸(모스크바), 듀항(토리노), 클라페롱, 쎙뻬테르부르(상트페테르부르크) 등의 가로가 교차하는 곳에 들어선 '더블린 광장'을 묘사하고 있다. 다림질한 것처럼

† 귀스타브 카유보트, 〈오스만대로의 발코니〉(1880)
† 같은 이, 〈파리의 거리, 비 오는 날〉(1887)

빳빳히 각을 잡고 모퉁이에 당당하게 곧추선 오스만풍 빌딩, 가냘프지만 수직으로 날렵하게 선 주철 가스등, 방사형으로 펴진 곡면 형태의 우산들, 우산 하나를 살짝 기울여 나눠 쓰고 유유자적하는 중년 커플의 산보 – 고독하고 정결하고 깔끔하고 단순하고 우아한 느낌이 뒤섞인 근대 광장을 포착하고 있다.

인상파의 대가 카미유 피사로 역시 불바르의 풍경을 주제로 삼은 화가다. 그는 1897년 2월에서 4월까지 드후오가 1번지에 있는 드 뤼시 그랑드 호텔(The Grand Hotel de Russie)의 4층에 자리한 스튜디오에서 작업에 몰두한다. 심사숙고한 끝에 이 호텔을 작업실로 택하였었다. 그 위치가 아주 특별한 곳이다. 이탈리안 불바르, 몽마흐뜨흐(몽마르트르) 불바르, 그리고 드후오 거리가 만나는 모퉁이에 터를 잡았다. 이탈리안 불바르와 몽마흐뜨흐 불바르는 원래 중세 성곽이 자리 잡고 있던 곳이다. 루이 13세와 14세 시절부터 성곽을 허물고 도로로 변경하는 작업이 진행되다가 오스만에 의해 반듯한 대로로 완성되었다. 드후오 거리는 19세기 초에 조성된 길이다. 이 길들이 만나는 모퉁

† 카미유 피사로, 〈몽마르트 대로, 겨울 아침〉(1897)
† 같은 이, 〈몽마르트 대로, 오후 햇살〉(1897)

이는 파리의 활기찬 생명력이 한껏 발산되는 장소 중 하나였다. 카유보트의 〈오스만대로의 발코니〉에 등장하는 신사처럼, 피사로는 호텔 4층의 스튜디오를 메트로폴리스의 생명력을 음미하는 정박지로 삼는다. 화구를 들고 발코니로 나가 사방을 두리번거리며 도심지의 풍경을 음미한다. 을씨년스러운 겨울 끝자락부터 신록이 움트는 초봄까지 몽마흐뜨흐 불바르와 이탈리안 불바르를 배경으로 각각 열네 점과 두 점의 풍경을 화폭에 담았다. 모든 작품은 밝고 따스한 빛을 갈망하며 환한 대로로 쏟아져 나온 개미 떼 같은 군중을 포착하고 있다.

오스만의 파리 대개조가 드러낸 폭력성을 상쇄한 요인은 또 하나 있다. 그가 뚫은 대로가 파리의 상징으로 부상하는 데에 일조한 것이기도 하다. 불바르를 그린 화가들을 포함하여 많은 시민이 야만성으로 점철된 고통스러운 기억을 떨쳐버리고 이내 대로를 사랑하게 된 이유이기도 하다. 앞서 불바르나 애비뉴라고 불리는 대로가 뚫리는 곳마다 예각, 둔각으로 중세 가로와 만나며 곳곳에 코너가 만들어졌다고 이야기했다. 이 코너마다 들어선 것이 있다.

바로 프렌치 카페다.

프렌치 카페는 가장자리에 붉은색, 녹색, 오렌지색 차양을 두르고, 길가에 작은 원형 테이블과 쿠션이 놓인 철제 의자를 배치한다. 안에는 가장자리를 따라 원형 또는 사각형 테이블과 어두운 색상의 목제 의자가 놓였다. 그 안쪽으로는 따뜻한 황동빛 조명 아래 긴 대리석 바가 설치되었다. 더 깊은 안쪽으로 들어가면 내밀한 분위기에서 만찬을 즐기는 이들을 위해 약간은 어두침침한 공간이 나타난다. 근세 대로와 중세 가로를 향해 모든 것을 활짝 열어젖힌 전면의 개방감, 그리고 후면 깊은 곳의 고요한 내밀함을 동시에 포용하는 다채로움을 지니고 있다. 전면의 개방감은 특이하고 신선하다. 가로의 풍경을 향한 애착이 얼마나 크길래 이런 배치를 하는 걸까? 아무리 바라봐도 행복한 미소만 머금게 만드는 연인을 대면하듯 아예 길을 향해 테이블과 의자를 돌려 배치한다. 그러고 보니 거리가 깔끔하다. 소음도 크지 않다. 은은한 볕이 쏟아지고, 신선한 미풍이 살갗을 두드린다.

거리가 선사하는 것은 이뿐만이 아니다. 흥미진진한 볼

거리도 넘쳐난다. 광택이 감도는 짙은 갈색 목제 몸체에 황동으로 치장을 한 컨버터블 마차가 유유히 지나간다. 실크 재킷에 우아하게 빛나는 벨벳 클로슈 모자, 길게 늘어뜨린 스카프를 걸친 여인들이 마차에 몸을 싣고, 카페의 구경꾼과 눈을 맞춘다. 따로 극장에 갈 까닭이 없다. 대로에서 펼쳐지는 온갖 볼거리를 감상하는 개방형 객석 역할을 한 것이 프렌치 카페였다.

    프렌치 카페는 블록의 모퉁이에 들어선다. 오스만이 정비한 대로와 중세의 가로가 만나는 지점, 즉 이질적인 가로망이 교차하는 요충지다. 이 카페는 대로변에 들어선 오스만풍 빌딩의 2층에 거주하는 고소득층이나 3, 4층의 중

† 전형적인 파리의 프렌치 카페

산층만을 위한 공간이 아니다. 5, 6층에는 저소득층과 하인도 살고 있다. 건물을 수직으로 쭉 훑어보면 사실상 모든 계층의 시민을 만날 수 있다. 엘리베이터가 상용화되기 한참 전이라 2층을 기점으로 위로 올라갈수록 임대료가 확 떨어지는 덕에 이질적인 수직적층이 이루어진 것이다. 모퉁이 한편에 있는 중세 가로의 안쪽으로 들어가면 대로변의 반듯한 신축 건물과 대비되는 낡고 초라한 건물들이 나타난다. 이곳에서는 중산층부터 노동자, 학생에 이르기까지 대로변에 공간을 마련하기 어려운 사람들이 둥지를 트고 살았다. 임대료가 저렴한 덕에 스튜디오를 마련하기가 수월해 예술가들도 블록 안쪽의 방 한두 개를 빌려 썼다. 마네, 르누아르, 쿠르베, 로트레크, 피사로, 들라크루아, 모로, 제롬 등 수많은 화가가 블록 안에 자리한 낡은 건물에 아틀리에를 마련하고 창작에 전념했다. 중세부터 이어진 목공, 금속 세공, 가구 제작을 하는 소규모 장인 공방도 안쪽에 자리 잡았다. 파리의 블록은 포용력을 지니고 있었다. 시민이라면 누구든 블록을 돌아다니다가 거주지나 일터로 쓸 만한 곳을 찾아낼 수 있었다. 대로변의 웅장하고 기품 있는 신식 건물부터 이면 후미진 곳에 자리한 볼품 없는 초췌한 건물까지 무궁무진한 선택지가 있었기 때문이다.

  파리의 블록은 상류층, 중산층, 저소득층 그리고 기업인, 일용직, 학생, 예술가를 차별 없이 불러 모은다. 어느 사람도 배제되지 않고 머물 곳을 찾을 수 있는 다양성의 용광로였고, 이 용광로의 가장자리에 프렌치 카페가 자리 잡았다. 일을 끝내고 집으로 돌아갈 때마다 꼭 거쳐야 하는 곳이 바로 모퉁이다. 오스만풍 빌딩이라고 불리는 대로변에 일률적으로 지어진 고급 아파트에 사는 거주자든, 그 뒤편에 자리한 중세 블록의 좁고 후미진 곳에 사는 노동자 혹은 학생이든 코너를 지나치지 않을 수 없다. 종일 일하고 5프랑의 급료를 받는 노동자가 블록 이면에 있는 남루한 주거지로 귀가하기 전 몇 센트를 - 어쩌면 몇십 센트였을 수도 있다 - 할애해 에스프레소 한 잔을 시켜 놓고 동료와 느긋하게 노닥거릴 수 있는 곳이 프렌치 카페다. 호주머니가 가벼워도 큰 부담 없이 누구든 이용할 수 있다는 점도 프렌치 카페가 활기를 띠게 된 이유 중 하나다.

파리의 프렌치 카페를 사모하며 서울 어느 블록의 모퉁이에 카페를 낸다. 모델로 삼은 카페를 참조하여 벽, 바닥, 천정을 단장하고 어렵사리 공수해 온 가구로 실내를 채운 후 '프렌치 카페'라고 이름을 붙여 준다. 하지만 모양과 이름을 흉내 낸다고 해서 생기 넘치고 창의력이 뿜어나던 19세기 말 파리의 프렌치 카페가 만들어지는 것은 아니다. 모퉁이라고 다 같은 모퉁이가 아니다. 이질적인 시간, 스케일, 분위기가 교차하는 곳이 살아 있는 모퉁이다. 이런 곳은 서로 다른 이종의 것들을 불러 모으는 '터'다. 널따란 근대 대로와 내밀한 중세 가로가 교차할 때 이런 생명력을 발산한다. 하지만 더 중요한 생명력은 따로 있다. 서로 어울리기 힘든, 이질적인 사람들을 불러 모아 조우하게 만드는 우연성이다. 비슷한 경제력, 학벌, 직업을 가진 사람들이 모인 블록의 가장자리에 공간을 마련하고 '프렌치 카페'라고 이름을 붙이는 것은 희극이다. 수백 미터에 달하는 거대한 강남 블록을 지배하는 건 동질성 아닌가? 생활의 패턴, 주거 공간의 형태, 직업, 경제력, 학력과 같은 사회적 위치 – 모두가 별반 차이가 없는 가끔은 숨 막힐 정도로 두려운 동질성이 지배하고 있다. 블록의 동질성! 모퉁이는 많아도 다양성의 용광로로 기능하는 카페를 찾아볼 수 없는 이유다.

돌이켜 보면 오스만은 운이 좋았다. 대로를 뚫었을 때는 전혀 상상도 못 했을 일이 벌어졌기 때문이다. 그가 잘한 점이 있다면 허허벌판으로 나가 신도시를 만들지 않고 구도심을 싹둑싹둑 잘라 근대 대로를 중세 가로와 접목하는 일을 과감하게 전개했다는 것이다. 아울러 30여 미터의 도로 폭에 - 운동장 같은 광폭이 아니다 - 두 줄의 아름드리 수목을 심어 녹음이 우거지고 위생적인 도로를 조성했다. 도로 양편에 들어선 건물에는 1층부터 6층까지 신분과 경제적 수준이 각양각색인 사람들이 알아서 들어왔다. 이면에 자리한 블록 안쪽에도 전면에서 살 곳을 찾지 못한 사람들이 정착했다. 결정적으로 블록 모퉁이마다 프렌치 카페가 우후죽순 들어섰다. 도시공간 구조가 급변하던 때에 모퉁이의 가치를 알아본 명민한 상인들의 안목이 작동했을 것이다. 파리를 메트로폴리스로 변모시키고자 거침없이 밀어붙인 도시 개조의 폭력성은 이렇게 희석되고 상쇄된다. 거칠고 황량한 풍경 속에서도 아름다운 보석 같은 순간들이 꽃을 피운다. 오스만이 뚫은 대로들을 살린 것은 어쩌면 프렌치 카페였다. 다양한 시차를 두고 만들어진 중세 가로와 근대 대로는 그렇게 만나 프렌치 카페를 낳았고, 혼돈기의 파리를 살렸다.

  작업실로 쓸 적지를 찾아 길거리를 헤매던 피사로는 드뤼시 그랑드 호텔을 발견하고 적잖이 흥분했던 것 같다. 아들 루시앙에게 대로를 한눈에 조망할 수 있는 멋진 방이 있는 호텔을 찾아냈다고 손 편지를 썼다. 호텔 4층에 마련한 스튜디오에서 16호짜리 캔버스를 걸어 넣고 쉴 새 없이 붓질하며 몽마흐뜨흐 불바르와 이탈리안 불바르의 햇살, 수목, 마차, 건물, 행인의 실루엣을 포착하고 있었을 피사로를 상상해 본다. 이 호텔의 1층에도 어김없이 프렌치 카페가 자리 잡고 있었다. 이따금 카페로 내려가 크루아상과 카페 크렘을 시켜 놓고 휴식을 취했을 것이다. 루시앙에게 보낸 손 편지도 어쩌면 이 카페에서 쓴 것일지 모른다. 편지를 쓰다 잠시 고개를 들어 분주한 대로의 풍경을 찬찬히 관조한다. 4층 발코니에서 내려다보던 시선과 달리, 지면 가까운 낮은 시점에서 드러나는 도시의 또 다른 표정을 음미한다. 1923년경, 미완으로 남아 있던 오스만 대로를 확장하여 몽마흐뜨흐 대로와 잇는 과정에서 길목에 있던 드뤼시 그랑드 호텔은 헐리는 운명을 맞이한다. 피사로가 잠시 휴식을 취하곤 했던 카페도 같이 사라지고 만다. 불바르를 사랑하며 생생한 도시의 인상을 포착했던 화가가 앉았던 그 자리에서 커피를 홀짝거리며 그가 마주했을 19세기 말 메트로폴리스의 풍경을 상상해 볼 수 없다는 사실이 크나큰 아쉬움으로 밀려온다.

† 20세기 초에 촬영된 드 뤼시 그랑드 호텔 1층에 자리한 프렌치 카페

여섯.　─────────────

타협과 공존의 빈

　빈의 원도심을 걷다 보면 전형적인 중세 도시의 풍경을 만나게 된다. 시원스럽게 쭉쭉 뻗어 나가는 대로 대신 좁고 기다란 길들이 미로처럼 얽히고 이리저리 꺾이는지라 조금만 정신을 놓아도 여지없이 방향감을 상실하고 만다. 물론 이 도시에서 오래도록 살아가는 사람들에겐 눈 감고도 찾아다닐 만큼 익숙할 것일지도 모른다. 하지만 목적지를 찾으려고 하는 이방인에겐 불 꺼진 어두운 방에서 더듬거리며 문고리를 찾는 것처럼 수고롭다. 건축의 세계에 입문한 후 언젠가 꼭 한번 가보고 싶었던 아돌프 로스의 작품 '아메리칸 바'를 찾아가는 길도 그러했다. 그나마 시간을 단축할 수 있었던 것은 지도 앱이 있어서다. 앱의 도움이 없었더라면 뙤약볕 아래 미로 같은 골목길을 맴돌다 기진하고 나서야 겨우 발을 들여놓았을 것이다. 미로처럼 얽힌 도시에서 그래도 숨통을 틔워 주는 것은 12세기부터 축조되기 시작하였다는 〈슈테판 대성당〉 앞의 커다란 광장이다. 나무가 빽빽이 들어선 숲속에서 길을 헤매다 불현듯 나타난 호수를 만난 듯 감동적이다. 시야가 탁 트인다. 그러고 보니 올망졸망한 길들이 모두 이곳으로 모여든다. 성당 남쪽 날개 위에 얹은 첨탑의 높이가 장장 136미터에 이르는 데에도 이유가 있다. 거미줄처럼 얽힌 미로 속에서 헤매는 이들을 위해 이정표 역할을 하도록 하늘 높은 줄 모르고 쭉쭉 뻗은 것이 아닐까?

원도심을 벗어나 바깥으로 15분 정도 걸었을까? 〈벨베데레궁〉이 나온다. 이 궁전은 구스타프 클림트의 작품 〈키스〉를 보러 많은 사람이 찾는 곳이다. 이 그림 말고도 나의 관심을 끄는 것이 또 있다. 바로 정원이다. 18세기 초에 설계된 이 정원은 도미니크 지라드의 작품이다. 지라드는 〈베르사유궁〉 정원을 만든 앙드레 르노트르의 제자로서 조경과 수공간 조성에 뛰어난 실력을 갖춘 당대 최고의 디자이너였다. 그는 태양의 신 아폴론이 밝음과 어두움이 교묘하게 뒤섞이는 석양별을 배경으로 아름다운 님프에 둘

† 빈의 원도심 중심에 자리한 〈슈테판 대성당〉

러싸여 휴식을 취하는 그로토 - 베르사유궁 정원에 있다 - 에서 영감을 받아 〈벨베데레궁〉 정원에도 연못과 동굴을 만들었다. 여기에다 〈베르사유궁〉 정원처럼 무한대를 향해 내달리는 거대한 축선도 도입했다. 가운데 길 하나와 좌우에 자리 잡은 두 개의 길. 20미터 폭의 직선으로 막힘없이 뻗어 나가는 세 길이 원도심을 향해 질주하듯 내달린다. 길 사이에 있는 널따란 장방형 공간에는 거대한 카펫이라도 깔린 것처럼 지피식물과 관목들이 기하학적 패턴을 따라 정리되어 있다. 길의 가장자리로는 짙은 녹색의 주목이 원뿔 모양으로 각을 잡고 군인처럼 열병하고 있다. 시원스럽게 그리고 거침없이 내달리는 길의 끝자락에는 〈슈테판 대성당〉의 첨탑이 초점처럼 눈에 들어온다.

〈베르사유궁〉 정원은 파리의 도시 조직에 대한 비판을 담고 있다. 절대권력자 루이 14세에게 중세의 파리는 답답하고 꾀죄죄하고 찌글찌글했다. 마차가 시원스레 달리고 싶어도 부러진 나무젓가락을 덧붙여 놓은 것처럼 이내 획획 꺾이는 길목은 좌절을 가져다주었다. 군대를 행진시키고 싶어도 제대로 된 대열을 갖출 수 없었다. 그렇다고 건

† 베르나르도 벨로토, 〈벨베데레궁에서 바라본 빈의 풍경〉(1758)

물을 다 허물고 길을 다시 뚫을 수도 없는 노릇이다. 이때 도시 외곽의 정원이 대안으로 떠올랐다. 무한 권력을 쥐고 있으니 세상 누구도 상상할 수 없는 면적의 정원을 만들 수 있으며, 거기에 거대한 축들로 질서를 잡은 새로운 공간을 구현할 수 있었다. 단절, 굴절 그리고 좌절의 공간을 시원스럽게 날려버리고 자신의 무한 권력을 구현하고 표상하는 유토피아적 공간을 등장시킨 것이다. 투시도 기법을 바탕으로 무한대를 향해 달려 나가는 축선들을 따라 시원하게 뻥뻥 뚫린 대로들을 갖춘 정원은 이런 점에서 이상도시의 부재에 대한 대리 충족물이기도 하다. 완전히 새로운 도시를 계획하지는 못하더라도 이상도시의 그림자를 조경을 통해 연습해 본 것이다. 〈벨베데레궁〉 정원은 베르사유의 정원보다 그 규모는 훨씬 작지만, 마찬가지로 빈의 중세 도심을 향한 비판이자 신질서의 연습장이었다.

  정원에 구현한 신질서를 향한 염원을 실현할 기회가 19세기 중반에 찾아온다. 링슈트라세는 중세에 구축된 성곽을 따라 만들어 놓은 저지선이었다. 원형 띠 모양으로 폭 2백에서 5백 미터에 이르는 완충지대를 둔 것이다. 산업혁명이 낳은 변화의 물결이 빈까지 이르러, 성 바깥쪽에는 신흥 부르주아와 노동자가 몰려와 살기 시작했고, 이내 둑이라도 터진 것처럼 성안과 바깥 사이에 교류가 왕성해졌다. 방어를 위한 완충지대라는 원형 띠의 용도가 쓸모없어진 것이다. 이런 띠의 운명을 획기적으로 바꾼 계기가 1848년 혁명이었다. 메테르니히 반동 정권에 맞서서 시민들은 "법률제정에 참여할 인민의 권리 보장, 국가 재정업무의 공개, 재판 과정 공개, 배심원 제도의 도입, 검열제도 폐지, 개인 시민권 확립, 도시법 제정, 종교의 자유, 시민적 자유와 평등 권리 보장 등을 담은 자유주의적 개혁안"을 제시했다. 이 혁명은 비록 실패로 끝났지만, 빈 도시 개조의 서막을 열어젖혔다. 같은 해 겨울 즉위한 황제 프란츠 요제프 1세는 절대군주였음에도, 자치권을 포함한 빈 시민들의 요구사항을 일부 받아들이는 유연한 모습을 보였다. 성곽을 허물어 도로와 택지를 조성하고, 황가의 신궁과 광장을 조성하고, 공공건축물을 짓고 공원도 만들었다. 공사비용은 조성한 택지를 매각해 마련했다. 1865년에 이르면 성곽은 모두 사라지고 다각형의 띠 모양으로 정비된

대로, 궁전, 광장, 박물관, 공원, 시청, 의회, 극장, 학교, 아파트 등이 들어선 새로운 빈이 완성된다.

절대군주이지만 시민 주도 사회로 변화하는 역사적 흐름을 깨달은 요제프 1세의 구상은 도시 개조 과정에도 반영돼 있다. 그는 절대군주의 양식인 바로크풍의〈신황궁〉을 축조했고, 그 바로 앞에 있는 '영웅의 광장'도 더욱 위엄있게 정비했다. 합스부르크의 전쟁 영웅인 찰스 대공과 사보이아 공자 외젠의 기마상도 설치했다.〈신황궁〉과 광장은 마치 한꺼번에 디자인된 것처럼 중심축을 따라 좌우 대칭으로 배치했다. 시민들이 골목길을 활용하여 바리케이드를 친다는 점을 기억하고 게릴라전 자체가 불가능하도록 도로도 넓게 뚫었다. 오스트리아 제국의 황제로서 고대 로마 제국의 포럼을 본떠 공간을 정비하고, 또 군주의 입장에서 통치가 용이하도록 도시 구조를 바꾼 것이다. 한편으론 시민사회의 등장이라는 시대정신에 부합하는 군주의 모습도 보여주었다. 링슈트라세에〈자연사박물관〉과〈예술사박물관〉을 지어 과학과 예술을 아끼는, 이전 황제들과는 차별화된 군주의 모습으로 시민들에게 다가간

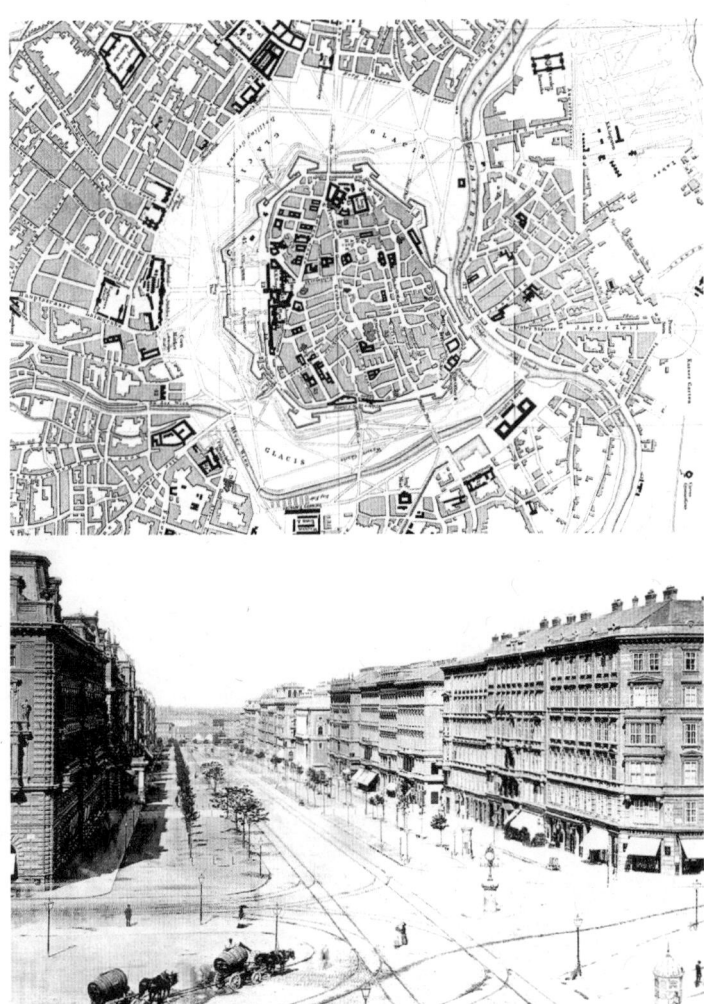

† **1858년 빈의 도시계획을 보여주는 이미지**
 링슈트라세가 조성되기 전까지, 구시가지를 감싸고 있던 옛 성벽과 그 앞의 완만한 경사지는 오랜 시간 도시의 경계로 기능해 왔다.

† **1875년 촬영된 링슈트라세의 쇼텐링 구간**

다. 시민의 요구를 받아들여 종국에는 절대군주제에서 입헌군주제로 변혁하고, 링슈트라세 서북쪽에 〈빈 시청사〉, 〈빈대학교〉, 〈국회의사당〉 그리고 〈부르크 극장〉 등의 건설도 추진하였다. 시민 주도 정치체제의 실천을 담보하는 기관들이다. 이는 민주정과 의회 권력의 수용 그리고 시의 자치권을 인정한 것이자, 특정 계층의 전유물이었던 교육과 문화를 일반 시민도 누릴 수 있도록 배려한 것이다.

 빈은 링슈트라세의 성공적인 개조를 통해 황제와 귀족 중심의 차별적인 도시에서 시민을 포용하는 공존의 도시

† **고트프리드 젬퍼가 제시한 황제 포럼의 청사진**
앞쪽에 마주 보는 두 건물이 〈예술사박물관〉과 〈자연사박물관〉이다. 멀리 보이는 초점이 되는 건물은 〈신황궁〉이다. 〈신황궁〉은 전체 광장을 감싸는 곡면형 날개를 가진 건축물로 계획되었으나, 노이에 부르크(Neue Burg)라고 불리는 남쪽 날개 부분을 제외하고는 완공되지 못했다.

로 변신한다. 황제 주도의 건축물과 공간, 그리고 시민 주도 정치체제의 산물이 서로 겹친다. 고대 로마처럼 황제의 포럼과 시민의 포럼이 덧대어진 도시로 탈바꿈한 것이다. 〈신황궁〉은 절대군주의 양식인 바로크풍이지만, 〈국회의사당〉은 민주주의의 이상을 좇겠다는 의지를 천명하느라 민주주의의 발상지인 그리스의 신전을 모방한 고전 양식을 택한다. 황족과 고위 관료가 이용하던 왕궁 정원과 '폴크스가르텐*'이라 불리는 시민의 정원이 인접해 있다. 낭만주의자 요한 슈트라우스 1세와 요제프 라너가 야외 연주를 했던 곳이 바로 이 폴크스가르텐 공원이다. 폴크스가르텐 위쪽에 자리한 〈부르크 극장〉 역시 황가와 귀족, 그리고 시민이 함께 공연을 관람하는 장소로 바뀌었다. 원래 〈부르크 극장〉은 성곽 내 미하엘 광장에 자리한 황가 전용 극장이었다. 궁전과 직접 연결되어 있어 황가의 구성원들은 궁에서 직접 발코니석으로 진입하고, 귀족들은 바깥의 광장에서 진입하였다. 〈피가로의 결혼〉을 비롯한 모차르트의 오페라 3편, 베토벤의 교향곡 1번이 초연된 유서 깊은 장소다. 시민들은 감히 꿈에도 범접할 수 없는 그들만

* 1823년 조성된 빈 최초의 공공정원으로, 나폴레옹의 포격으로 파괴된 궁전 주변의 군사시설과 성벽 자리에 들어섰다.

의 놀이터였다. 이런 극장을 과감하게도 폴크스가르텐 정원 바로 북측으로 옮겨온 것이다. 은밀한 황가 전용 극장이 세상으로 나왔다. 공원과 시청이 지척인 곳으로 걸어 나왔다. 이제 〈부르크 극장〉은 황족, 귀족, 시민이 함께 관람하는 신질서를 수용하는 극장으로 변신하였다. 공연이 끝나고 나면 시민들을 위한 정원과 영웅의 광장에서 잠시 신분의 구별을 잊고 어울리는 도시가 탄생한 것이다.

링슈트라세의 개조 과정을 들여다보면 조경 분야에서의 연습이 약 한 세기가 지난 후 도시공간을 조직하는 원리로 활용되는 것을 볼 수 있다. 링슈트라세가 완성되었을 때 빈은 이제 두 얼굴을 지니게 되었다. 정치적으로는 신, 황제, 귀족으로 대변되는 구질서와 시민으로 대변되는 신질서가 서로를 인정하며 공존한다. 타협, 균형, 공존의 체제다. 도시공간 구조에도 혁신이 일어난다. 황제와 귀족이라는 배타적 특권층이 독점하던 중요한 시설이 시민들도 쉽게 접근할 수 있는 곳으로 이전됐다. '시민'이라는 군집의 규모에 걸맞고 그들의 삶의 질을 높이는 방편으로 공원, 박물관, 미술관, 대학교도 만들어졌다. 시민과의 연대,

† 황제 포럼과 시민 포럼이 결합한 빈의 링슈트라세

그리고 그들로부터 받는 존경이 권력과 권위의 기반임을 깨달은 군주는 토지 매각으로 얻은 자금을 시민들을 위한 공공시설 정비에 썼다. 시민들은 황제의 권력을 붕괴시키기보다 상호 호혜적 통합을 지향하였다. 협상을 통해 군주와 시민이 공존하는 정치체제를 구상하고 동시에 시민의 권리와 자치를 확보하는 길을 열었다. 근대로 들어서는 길목에서 등장한 아름다운 타협이다. 이 타협 덕분에 오늘날에도 입헌군주제가 여전히 작동하고 있는 것 아닐까? 구질서와 신질서 사이의 타협이 일어나지 않았다면, 성곽을 허물고 등장한 링슈트라세라는 도시공간의 개조가 일어나지 않았다면, 역사는 어느 방향으로 흘러갔을까? 아마도 피비린내 나는 살육전과 보복의 역사로 점철된 페이지가 등장하지 않았을까 싶다.

꼬불꼬불한 골목길이 연이어 나타나는 빈의 원도심을 걷다가 시원시원한 대로, 공원, 건축물이 즐비한 링슈트라세를 마주하는 경험은 새롭다. 반대의 도정도 신선하다. 막힘없이 뻥뻥 뚫린 대로가 쪼그라들며 갑자기 안아주는 것 같은 스케일의 변화에 포근함을 느낀다. 이것인가 싶으면 저것이 나타나고, 저것인가 싶으면 이것이 나타나 서로 보완한다. 구불구불함과 똑바른 직선, 신체를 감싸 안아주는 것 같은 휴먼스케일의 편안함과 영웅적인 규모의 공간이 주는 압도감과 감동 - 서로 다르기에 마치 한 몸인 것처럼 엮인다. 같은 것이 반복되는 지루한 투명성 대신 이면에 예측하지 못한 무언가를 살포시 숨기고 우리를 유혹하고 놀라게 하는 신명 나는 깊이감을 지닌 도시가 빈이다. 이런 깊이감의 탄생 이면에는 타협과 공존의 정치사가 자리 잡고 있었다. 서로 공멸하는 극단의 대치와 충돌을 피하고 상호 호혜적 균형을 찾아 전진해 간 빈의 역사적 궤적이 경이롭다. 링슈트라세는 그 비범한 궤적의 산물이다. 서로 다른 것이 덧대어지고 연대하며 생기를 발산하는 풍경을 가진 도시가 탄생한 이면에는 대화를 통한 공존의 길을 모색한 포용력 있는 정치가 있었던 것이 아닐까? 백여 년 이상 자란 아름드리 느릅나무와 플라타너스가 우거진 링슈트라세를 걸으며 잠깐 이런 상념에 젖었던 기억이 새삼스레 난다.

일곱.

메트로폴리스 방황

 1931년의 어느 가을밤, 기계문명과 큐비즘을 교묘하게 결합하여 주목받는 화가로 부상한 페르낭 레제는 마침내 뉴욕 타임스 스퀘어에 섰다. 파리에서는 상상하지 못했던 또 다른 별천지가 펼쳐졌다. 대서양을 건너온 보람이 있다. 태어나서 처음 보는 화려한 네온사인 쇼 앞에서 넋을 홀딱 잃을 지경이다. 건물은 칠흑 같은 어둠 속으로 흔적도 없이 사라져 버리고, 밤하늘에 글자들이 깃털처럼 둥둥 떠다니며 나타났다가 사라지기를 반복한다. 글자만이 아니다. 태양, 다이아몬드, 야자수, 담배의 이미지가 중력의 굴레에서 해방된 듯 창공에 자유롭게 걸려 있다. 끊임없이 움직이며 섬광처럼 변신하는 글자와 이미지들을 쫓아다니는 것도 벅찬데 오렌지, 파랑, 빨강, 녹색으로 색깔마저 매번 바뀐다. 현란하다. 메트로폴리스 파리에서 건너왔지만 여태 보지 못한 스펙터클 앞에 입이 딱 벌어진다.

정신 차리고 보니 온갖 물건들을 선전하고 있다. 1905년 캘리포니아에서 탄생한 정유회사 리치필드의 자동차 기름, 1920년대 말부터 포드의 모델 'T'를 제치고 판매량 1위로 올라선 쉐브롤렛, 위에서 분비되는 소화 효소인 펩신 성분을 함유해 잇몸에 붙은 음식물 찌꺼기를 분해한다는 펩소던트 치약, 캐러멜 향이 감도는 달콤 쌉싸름한 탄산음료 코카콜라, 파자마를 입은 채 한 손으로는 자동차 바퀴를 둘러메고 다른 한 손으로는 촛불을 켠 꼬마 아이를 그린 삽화로 유명한 피스크의 타이어, 마그네시아유를 50퍼센트 이상 함유한 스퀴브 구강 소독제, 맥주의 왕이라고 선언하는 버드와이저, 맛의 신선도를 보장하는 적정 습도 유지 기능을 갖춘 신형 케이스에 포장된 카멜사 담배. 네온사인은 색깔을 바꾸고, 꺼졌다 켜지기를 반복하며 수평, 수직, 사선 방향으로 바삐 움직인다. 어떻게든 눈길을 끌기 위해 안간힘을 쓰는 것이 역력하다. 브로드웨이의 영화와 공연을 알리는 광고판도 지지 않는다. 희극 극장에서

† 1930년 타임스 스퀘어

영화관으로 갓 변신한 메이페어 극장과 팰리스 극장은 배너처럼 늘어뜨린 기다란 네온사인을 매달아 이름을 알리고 있다. 노마 시어러, 로버트 몽고메리, 닐 해밀턴이 주연한 〈낯선 이와의 키스(Strangers may kiss)〉, 〈프랑켄슈타인〉을 감독한 제임스 웨일의 또 다른 호러 영화 〈보이지 않는 이(The Invisible Man)〉의 사인도 보인다. 어둠이 내리기를 애타게 기다려 온 올빼미처럼 제 시절을 만난 이미지들이 우글우글 기어 나와 요란을 떨며 허공을 부유한다.

하지만 레제는 씁쓸해했다. 이렇게 황홀한 맨해튼의 풍경이 알고 보니 죄다 잡스러운 물건과 영화 광고의 경연장이라니…. 메트로폴리스의 광장에는 중세 유물인 근엄한 교회가 들어설 자리는 물론 없다. 그래도 미혹하는 네온사인의 극장으로 탈바꿈한 건 적잖은 충격이었다. 솜털보다도 가뿐한 전자 사인이 한 발짝도 움직이지 못하는 육중한 건물을 조롱한다. 야밤의 찬란함은 대낮에 본 맨해튼의 칙칙함과 상극이다. 저속한 자본주의의 마천루들이 거리를 가득 메운 공동묘지의 느낌, 그것이 대낮의 맨해튼이었다. 마천루 안의 개인은 벌집 하나를 차지한 채, 시간에 맞추어 출퇴근하고 잠을 청하고 다시 일터로 향하는 쳇바퀴 도는 삶을 살고 있다. 일벌로 변해버린 인간들은 시간표에 맞추어 쫓기듯 살며 냉혈한처럼 허공을 응시한 채 거리를 스치듯 지나갈 뿐이다. 영혼의 생기를 잃은 인간 군상이다. 레제는 살아 있으나 실은 죽은 것과 진배없는 개인들의 삶을 슬퍼하며 메트로폴리스를 파괴하자고 선동한다. 제1차 세계대전 참전용사답게 프랑스군이 대서양을 건너와 뉴욕을 파괴하고 새로운 도시를 건설할 것을 주장한다. 두껍고 둔탁하고 꽉 막힌 벌집 같은 마천루 대신 정신과 물질이 융합한 결정체인 크리스털처럼 빛나는 유리로 사방을 채운 신도시를 만들자면서.

† 20세기 초의 타임스 스퀘어

레제와 비슷한 시기에 메트로폴리스를 방문해 비슷한 감정을 느낀 이가 있었다. 서울을 떠나 문명의 원류 도쿄를 방문한 예술가 이상도 메트로폴리스의 비애를 맛보았다. 1936년 10월의 어느 날, 그는 지릿한 가솔린 냄새가 칠칠치 못한 폐를 파고드는 긴자거리를 서성거리고 있었다. 빈약한 폐를 가지고도 다시 한번 힘을 내 날개를 달고 동경으로 날아왔다. 문명의 원류를 두 눈으로 보면, 그가 목도했던 허공 - 경성 미츠코시 백화점 옥상에서 본 것이다 - 에 무언가가 채워질 것으로 기대했던 것일까?** 식민지 청년에게 도쿄의 긴자는 신세계의 궁극적 표상이었다. 가스등과 벚나무가 줄지어 선 27미터의 서구식 프롬나드 - 이 가로를 걷는 것은 선택받은 소수가 누리는 특전 중 특전으로 얼마나 감개무량한 것인가?

　하지만 기대가 컸던 만큼 깊은 실망을 맛보았다. 이상은 낮의 긴자를 몹시 추한 해골바가지이자 허영독본(虛榮讀

** 이상은 『날개』에서 어느 한 건물의 옥상에서 목도한 허공에 관하여 서술한다. 이 허공은 근대 서구식 문명이 요란하고 화려하나 사실은 허망한 것임을 깨닫고 절망하는 주인공의 심리적 상태를 드러낸다. 하지만 주인공은 좌절하지 않았다. 허공으로 비상해 다시 어딘가로 나아가려는 희망의 끈을 부여잡는다. 겨드랑이에서 돋아난 인공 날개를 한껏 펴고 "한 번만 더 날아 보자꾸나."라고 간절하게 외친다. 일반적으로 이 장면의 배경은 당시 서구식 근대성을 가장 잘 상징하는 건축물이었던 미츠코시 백화점의 옥상으로 이해된다.

本)을 보는 것 같다고 일갈했다. "굽이치는 네온사인을 구성하는 부지깽이 같은 철골들의 얼크러진 모양은 밤새고 난 여급의 퍼머넌트 웨이브처럼 남루하다."라고 비아냥거렸다. 길바닥에 침이라도 뱉고 싶었으나 경시청의 경고 문구가 두려워 삼켰다. "교바시 곁 지하 공동변소에서… 배설을" 하며 도쿄를 다녀왔노라고 으스대던 친구들의 이름을 하나둘 상기하는 것으로 갈음한다. 혹시나 하여 야밤에 다시 긴자를 찾았다. 어느 우아한 카페에서 브라질산의 시커먼 석탄 - 커피를 말한다 - 을 스트레이트로 들이켰으나 가슴은 여전히 채워지지 않았다. 경성의 허함을 채우고

† 1930년대 도쿄 교바시(京橋) 다리 근처의 긴자거리

자 선진 문물의 원천 도쿄로 날아왔는데⋯ 그를 기다리고 있었던 것은 더 큰 허함이었다.

　이상이 번지르르한 긴자를 향해 해골바가지처럼 추하다고 거친 언사를 퍼부은 것은 식민지 착취를 바탕으로 만들어지는 서구적 화장질이 역겨웠기 때문이었다. 허영의 그림자가 드러나면 아름다움은 순식간에 반전을 일으키며 지극한 추함으로 변한다. 이상의 말이 다시 눈에 들어온다.

"애드벌룬이 착륙한 뒤의 긴자 하늘에는
신의 사려에 의하여 별도 반짝이련만
이미 이 카인의 말예(末裔)들은
별을 잊어버린 지도 오래다."

　오래도록 머무르는 정박지가 아니라 부초처럼 나돌아다니는 중성의 좌표체계로 변질된 도시, 대낮의 추함을 상쇄하는 각종 화장술이 야밤을 도배하는 도시, 억압받는 식민지의 과실을 따 먹으며 주체 못할 화려함을 증폭시키는 도시! 카인의 말예들이 사는 메트로폴리스를 향해 뱉은 이 상의 묵시록이다. 이제 수명을 다해 가는 폐를 이끌고 마지막 희망을 좇아 또 어디로 날아가야 한단 말인가? 파리인가? 아님 맨해튼인가? 이상이 맨해튼을 찾아갔다면 그는 무엇을 보았을까? 레제가 본 것 같은 네온사인의 극장으로 변질된 광장과 공동묘지처럼 빼곡히 들어선 고층 건물군을 발견하고 탄식했을까, 아니면 전혀 예상치 못한 메트로폴리스의 밝고 생명력 넘치는 이면을 발견했을까?

레제가 맨해튼을 찾은 때보다 30여 년 앞서, 그리고 이상이 도쿄를 방문하던 때보다 약 35년 앞서 '메트로폴리스에서의 삶이란 어떤 모습일까?'라는 질문을 던진 독일의 사회학자가 있었다. 게오르크 지멜이다. 그는 1903년 메트로폴리스에서의 삶의 속성을 밝히는 짧은 글을 발표한다. 지멜은 다혈질의 예술가들인 레제나 이상의 선동성과 감수성을 대신해 냉철한 시각으로 메트로폴리스를 분석한다. 지멜은 첫 번째로, 메트로폴리스에서의 삶이 현란한 네온사인 쇼처럼 항상 시도 때도 없이 바뀌는 도발적인 자극 앞에 적나라하게 노출돼 있다고 지적한다. 제아무리 용을 쓰고 익히려 해도 끝이 없다. 새로운 사람, 물건, 정보가 끊임없이 나타난다. 농경 사회처럼 자그마한 지역에서 벌어지는 행태와는 질이 다르다. 소규모 공동체에서는 친하지는 않더라도 얼굴 정도는 다 알고 지낸다. 갑자기 휙 나타나는 생판 모르는 사람 때문에 당황하는 일은 없다. 관습을 따라 반복적인 패턴으로 일상이 돌아간다. 무언가 변화가 생기더라도 미묘하고 느리다. 지성이 변화를 흡수하는 데에 소량의 에너지면 충분하다. 그러나 메트로폴리스의 삶은 다르다. 끊임없이 변하는 네온사인 이미지, 연신 경적을 빵빵 울리는 차량, 고막을 거스르는 기계음을 내며 굳이 몰라도 되는 소식을 쉴 새 없이 전달하는 전화기와 팩스! 종잡을 수 없는 자극들이 고밀도로 농축된 채 찰나에 몰려오니 가히 폭력적이라고 하여도 결코 과장이 아니다. 핏빛 하늘에서 터져 나오는 절규에 고통스러워하는 뭉크의 자화상처럼 정신착란증은 메트로폴리스 속 인간의 정신세계를 덮친다.

둘째로, 메트로폴리스에서 인간들은 각자의 속내를 숨긴 채 무표정으로 살아간다. 어차피 변하는 것인데 지금

눈앞에 있다고 마음을 줄 이유가 딱히 없다. 사람도, 물건도, 정보도 바뀐다. 지속하는 것은 없다. 마음을 주고 오래도록 사귀겠다거나 사용하겠다는 생각은 어리석다. 길거리는 수많은 사람으로 넘쳐나지만, 서로에게 무관심하다. 낯섦과 어색함이 팽배하고, 의심, 긴장감, 적대감이 만연하다. 눈에는 초점이 없다. 굳이 누구를 바라볼 까닭이 없기 때문이다. 허공을 응시한 채 군중 사이를 뚫고 재빨리 빠져나가는 것이 상책이다. 우연히 소환된 다섯 명의 인물이 대면의 궤적을 거부하고 제 갈 길을 가거나 멍하니 서 있는 알베르토 자코메티의 〈광장〉은 적확하다. 메트로폴리스의 가장 큰 덕목은 일희일비하지 않는 냉철함이다. 삶은 외롭고 황량하다. 군중에 둘러싸여 있어 어쩌면 더 외로운 곳이 메트로폴리스다.

셋째로, 효율적인 관리 기술이 극도로 발달한다. 시간을 기계적으로 균등하게 분절하여 모든 사람이 객관적으로 공유하는 시간표를 만들어낸다. 삶은 이 표에 따라 움직인다. 시간 엄수가 중요하다. 기차도 정시에 도착하고 떠나야 하며, 정해진 출퇴근 시간을 지켜야 하고, 지원서도 제

시간에 제출되어야 한다. 돈이 중요해지는 이유도 마찬가지다. 이것보다 저것이 중요하다는 근거를 일일이 만들어 내거나 하나씩 따로 가치를 매긴다는 건 얼마나 비효율적인가? 객관적 지표인 금전으로 일괄적으로 환산한다. 신성한 것이든 아니든 상관없다. 시간표와 화폐처럼, 통일된 기준과 틀을 만들어 삶 자체를 완벽한 관리 대상으로 전락시킨다. 삶도 일면 편해지는 것 같다. 주어진 틀에 맞추면 되기 때문이다.

시간뿐 아니라 공간 역시 관리 대상으로 바뀐다. 면적으로 일괄 환산하여 공간의 질을 이해한다. 공간 구조 또한 극단의 효율성을 지향한다. 제러미 벤담의 감옥 계획안이 좋은 예다. 원형 건물의 주변부로 수용자의 방을 놓고, 한가운데 타워에서 감시자가 전체를 감독한다. 아르고스 파놉테스(Argos Panoptes)처럼 수백 개의 눈을 달고 선 가상의 감시자는 한 지점에서 모든 수용자를 일시에 바라본다. 이 감시자가 선 중앙부는 일부러 어둡게 처리되었다. 실제로 감시자가 있는지 없는지 분간하지 못하도록 술수를 쓴 것이다. 감시자가 없어도 있는 것으로 믿고 스스로 알아서

규율을 따르도록 유도하는 섬뜩한 장치다.

도시의 공간 구조도 관리 대상이 된다. 구불구불하고 좁은 길들은 물먹은 솜을 짊어진 당나귀가 뒤뚱거리며 걷는 것처럼 비효율적이다. 축선을 따라 반듯한 길을 사통팔달로 뚫어 마차, 자동차, 사람이 물 흐르듯 막힘없이 흘러가도록 조치한다. 습기를 말리는 바람과 멸균을 하는 은혜로운 햇빛이 대동맥처럼 뻥뻥 뚫린 대로를 통해 마천루 안으로 쏟아져 들어온다. 요지에 서면 사방이 투명하게 눈에 들어오기에 범죄자가 발을 붙이지 못하는 도시이기도 하다. '정찰'이 용이한 도시는 경찰력을 최소화할 수 있다. 도시공간 구조를 도덕적 장치로 착각했던 이들에게는 천국이다. 경찰력 자체가 필요 없는 효율적인 도시라고 홍보되기도 하였다. 도시가 커다란 감옥이고, 감옥은 자그마한 도시다. 18세기 이래로 꿈꾸어 온 계몽주의의 완결판이다.

메트로폴리스에는 모순이 존재한다. 사방을 거미줄처럼 엮는 도로, 철도, 지하철 등 인프라의 확장과 수직, 수평 방향으로 무한대로 뻗어 나갈 것 같은 공간의 엄청난 양적 성장이 경이롭다. 메트로폴리스는 인류가 일구어낸 문명의 탄복할 만한 성과품이다. 계량적 성장의 극치다. 하지만 개인의 정신세계는 쪼그라들었다. 효과적인 관리를 위해 통일된 틀과 기준으로 삶을 통제하고, 모든 것이 적나라하고 투명하게 드러나는 도시공간에서 살아가야 하는 만큼, 본능적이고 충동적이고 즉흥적이고 감성적인 것들은 모두 거세할 것을 요구받는다. 개성은 억압받고, 창의성은 피폐해지고, 자유는 온데간데없다. 초거대 마천루 아래 선 개미 한 마리로 축소된 개인처럼, 객관적 물적 성취와 지극히 쪼그라든 개인의 정신세계, 이 둘 사이의 불균형이 메트로폴리스의 태생적 속성인 것이다. 하나가 흥하면 다른 하나가 피폐해지는 형국이다.

정신착란증이 횡행하고, 무표정으로 살아가고, 관리 기술이 시공간에 철저하게 투영된 메트로폴리스는 그동안 존재하지 않았던 새로운 정신세계를 탄생시킨다. 쉴 틈 없이 요동치고 뒤흔들어대는 외부의 자극으로부터 살아남아야 하지 않겠는가? 자기보존의 본능이 발동하는 것은 당연한 것 아닌가? 살갗을 파고드는 자극이 내면의 자아마저 뒤흔들지 않도록, 어떻게든 막아야 한다. 냉철한 지성의 보호막을 만들어, 각자 스스로를 지켜내는 것이 그 해법이다. 그러고 보면 '핵 개인'의 싹은 일찌감치 메트로폴리스 안에서 움튼 것이다. 자극과 요동침, 그리고 여기에 휩쓸리지 않는 개인의 내적인 냉철한 지성, 이 둘 사이의 대립 그 자체가 메트로폴리스가 배양한 인간의 운명 같은 정신세계다.

막대한 물적 성취의 파고 속에서 정신세계가 수축된 무기력한 개인에게 구세주가 나타난다. 메트로폴리스는 그를 한편으론 배척하고, 또 한편으론 열렬히 사랑했다. 바로 철학자 프리드리히 니체가 그 주인공이다. 사방에서 옥죄는 시스템의 발전과 억제된 감성, 감정, 충동, 본능 사이의 거대한 불균형과 갈등이 메트로폴리스를 살아가는 개인의 삶을 고통스럽게 하는 것을 니체는 목도했다. 분절, 분류, 범주를 도구로 명증한 틀을 만들어 나가는 습성을 비판하고 애매함, 중첩, 은유의 생동을 노래했다. 틀이 강요하는 시선을 거부하며 꺼지지 않은 생의 가능성을 향해 나아가는 살아 있는 개인에게, 니체의 자라투스트라는 구원의 화신이다. 감히 저지를 수 없도록 조이는 보이지 않는 족쇄의 강인함에 몸서리치면서도 과감히 사슬을 깨고 나서는 모험을 여전히 꿈꾸는 이에게 니체의 자라투스트라는 불안을 녹이는 따스한 손을 내민다. 지멜이 그의 글 말미에 자라투스트라의 명언을 인용했더라면 더 좋았을 뻔했다. 만일 그랬다면 어떤 말이었을까? 틀에 맞춰 사는 것이 미덕이라며 스스로 위로하고 미답의 가능성을 좇아 나서기를 주저하는 용기 없는 메트로폴리스의 모범생을 향해 던진 다음 말은 어떨까?

"나는 숲이고 새까만 나무로 가득 찬 야밤이다.
하지만 어두움을 두려워하지 않고 발걸음을
내디디면 사이프러스 나무 아래 장미가
만개한 강둑을 발견할 것이다."

여덟.

와츠지의 집 - 황야와 오아시스

　독일의 철학자 마르틴 하이데거 밑에서 수학하고자 고베항을 떠나 상하이, 싱가포르, 콜롬보, 아덴 그리고 마르세유에 이르는 수십 일의 대항해를 38세의 나이에 감행한 일본 근대 사상의 위인 와츠지 테츠로! 그가 고베항을 떠났던 때는 1927년 2월 8일이었다. 안타깝게도 일 년 반 뒤에 귀국해야 하는 상황에 처한다. 한의사였던 아버지가 갑자기 돌아가신 것이다. 문부성 장학생으로 독일의 선진 학문을 섭렵하고자 했던 그에게 청천벽력 같은 일이었다.
　하지만 이 대항해의 경험이 무용지물만은 아니었다. 사람이 살아가는 곳은 좌표체계로 설명되는 '중성적 공간'이 아니라 '풍토'라는 것을 깨닫게 되었다. 다양한 풍토의 존재에 눈뜨고 자신을 키워 낸 고향 일본의 풍토를 다시 바라볼 수 있는 시야가 트였다. 바깥 세계의 풍토를 접하는 경험은 무심코 받아들이며 살아온 모국의 풍토를 재발견하는 계기가 된다. 일종의 자기 발견이다. 이처럼 바깥의 풍토, 또는 흔히 철학에서 말하는 '타자'의 풍토를 접하지 않으면, 나를 감싸는 것의 고유함을 모르고 그저 살다가 풍경 속으로 사그라질 것이다. 이 만남을 통해 타자를, 또 나를 발견한다. 나를 발견하는 것과 타자를 발견하는 것은 동시적 사건이다. 와츠지가 1936년에 발간한 『풍토』는 바로 이런 경험을 글로 옮긴 환경 철학의 명저다.

다른 풍토와의 대면은 일본의 도시를 다시 바라보는 계기도 되었다. 귀국 후 동경의 긴자를 오랜만에 다시 걷는 와츠지에게 낯섦이 갑자기 가슴을 파고들었다. 유럽을 경험하고 난 후 긴자를 걸어보니 예전 같으면 무심코 흘려보냈을 것들이 눈길을 잡아끌었다. 오스만이 뚫은 시원한 대로를 뽐내는 파리처럼 서구형 문명 도시로 탈바꿈하고자 용을 써 온 긴자거리다. 유럽에 다녀오기 전에는 그저 새로운 세상을 맞이하려면 이런 치열한 변화 과정을 거치는 것이려니 하고 생각했다. 하지만 유럽에서 돌아온 후 다시 바라본 긴자의 풍경은 그야말로 기이했다. 서구와 동양의 이질적인 조합이 가져온 부조화가 노골적이고, 적나라하고, 거칠고, 우스꽝스럽게 노출되는 요란한 전시장이었다.

무엇보다도 와츠지의 눈길을 끈 것은 도로, 건물 그리고 교통수단이 어우러져 만드는 풍경이었다. 유럽에서는 30미터의 대로 좌우로 6층 석조 건물들이 나란히 벽을 맞대고 늘어선다. 1층과 메자닌 층은 넓은 투명 유리를 두른 상점이 줄지어 자리 잡고, 2층부터 5층까지는 아파트, 맨 꼭대기에는 사선으로 잘린 지붕 아래 옥탑이 자리한다. 아파트 입면에는 베이 윈도와 발코니가 달린다. 저층부의 투명 유리는 상점 안을 훤히 보여주며 고객을 끌어들인다. 위층에 달린 베이 윈도와 발코니 역시 건물이 거리를 대하는 태도가 적대적이지 않고 우호적이라는 징표다. 바깥으로부터 쏟아져 들어오는 빛과 바람을 받아들이고, 바삐 오가는 군중과 전차를 내려다보는 소통 창구이기도 하다. 고층 건물이 성곽처럼 빈틈없이 줄지어 선 덕분인지 대로를 채운 자동차와 전차는 제 크기보다도 왜소해 보였다. 도로가 깔끔한 것 또한 일정 부분은 성곽처럼 들어선 건물 덕이다. 행여나 광풍이 일더라도 꼿꼿이 버티며 거친 바람과 날아드는 흙먼지를 막아내기 때문이다. 그리고 보면 유럽의 풍토는 몬순이 아니다. 부푼 열기와 습기가 서로 달라붙어 태풍이나 홍수가 나는 일도 드물다. 도로가 쓸려 유실되는 일도 거의 일어나지 않는다.

도쿄의 거리는 달랐다. 2층짜리 상가형 목조주택이 늘어선 27미터의 대로는 텅 빈 들판 같았다. 6층짜리 석조 건물이 빈틈없이 들어선 유럽의 도로와 비교하면 단위 길이당 이용자 수도 현격히 적다. 건물이 기껏해야 2층짜리다 보니 굳이 억지스럽게 고개를 들지 않아도 이불처럼 도로를 두른 하늘이 시야에 언제나 들어온다. 흙먼지를 동반한 바람이 찾아들어 시도 때도 없이 도로를 더럽힌다. 몬순 풍토가 해마다 일으키는 태풍과 홍수로 도로가 유실되는 경우도 다반사다. 도쿄에서 도로는 상품으로 치자면 일종의 허영에 찬 사치품인 것이다.

교통수단 또한 이상하리만치 커 보였다. 자동차는 마치 운하를 유영하는 고래처럼 거리를 누볐고, 어째서인지 집보다 더 높고 우람해 보였다. 전차는 반대편 집을 가려 시야에서 사라지게 만든다. 사실 전차 앞에서 판잣집은 초라하고 무기력해 보였다. 휑한 들판을 질주하는 맷집 좋은 기세등등한 멧돼지처럼 씩씩 내달린다. 울부짖는 듯한 괴성을 질러대는 전차의 거친 기계음은 집 안의 정적을 가차 없이 깨트리고 빈약한 집을 흔들어 놓는다. 성냥갑 같은 목조주택들과 부딪히면 작살나는 것은 전차가 아니라 힘없는 집일 것이 분명하다. 살아남은 건 아르누보 문양을 덕지덕지 장식한 5층짜리 콘크리트 건물인데, 성냥갑 같은 주택 사이에 우뚝 선 것이 마치 걸리버가 난쟁이들을 데려다 놓고 우쭐대는 꼴 같다.

거친 쇳소리, 울부짖는 듯한 괴성, 빵빵거리는 경적, 휘황찬란한 네온사인, 흩날리는 먼지, 뒤엉킨 전선, 듬성듬성 이가 빠진 잇몸 같은 가로, 난쟁이 같은 성냥갑 집과 걸리버 같은 육중한 아르누보의 붉은 벽돌 건물이 아무런 완충지대 없이 극적으로 대치한다. 문명은 세련되고 우아하고 기품 있는 것이라고 생각했으나 실상은 그러지 않았다. 거칠고 야만적이고 폭력적이었다. 문명의 또 다른 이름은 조악한 원시주의인 것이다.

전차들이 씩씩대는 멧돼지들처럼 내달리던 대로에서

와츠지는 움츠리고 겁먹은 아이처럼 가슴 졸이며 이리저리 피해 다녔다. 불안감이 해소되는 순간은 내부가 들여다보이지 않는 높은 담장을 두른 집의 대문을 열고 들어설 때다. 신발을 벗고 집으로 들어서면 모든 것이 변한다. 성곽처럼 높고 든든한 담장 안에 안정과 평화의 요람이 남몰래 들어서 있었다. 바깥세상의 난잡함이 일시에 사라진다. 비가 자주 내리고 흙먼지가 달라붙는 게 일상인 몬순 풍토에서는 실내로 들어서기 전 신발을 벗는 것이 필수다. 덥고 습한 여름날 신발을 계속 신고 있는 것은 무좀에 걸리

† 1915년의 모습으로 추정되는 토가이도(東海道)와
   신바시(新橋)에서 교바시(京橋) 방향으로 본 근대기 긴자거리

는 지름길이기도 하다. 좀 더 고상한 의미도 있다. 신발을 벗는 것은 일종의 의례다. 멧돼지를 피해 걷느라 한껏 고단해진 심신이 이제는 두려워할 것 없는 지극히 아늑하고 안정적인 영역에 들어섰다는 의식의 실행이다. 거칠고 조악하고 지저분한 문명의 때를 벗고 자제, 세련, 우아가 충만한 비문명의 영역으로 이동한 것이다.

집 안에 담긴 세상은 딴판이다. 막아서는 것 없이 스스럼없이 열리는 개방의 공간이 전개된다. 방문을 걸어 잠그는 열쇠라는 것은 존재하지 않는다. 방과 방을 가르는 가림막으로는 열고 들어오는 사람을 딱히 막을 방도가 없다. 잠시 홀로 있거나 비밀스러운 일을 하고 싶다면 가림막을 잠시 닫아둘 뿐이다. 저항하지 못하는 가림막으로 구획된 일본 집의 공간 구성은 특이하다. 집 전체가 커다란 방인데, 그 방을 다시 가림막으로 잘게 나눈 것 같다. 자물쇠가 달린 여닫이문으로 잠글 수 있는 방을 최후의 보루로 선언하고 그 안에 놓인 사생활을 성역처럼 보장하는 서구 근대의 주거와는 공간 구성도, 생활 방식도 다르다.

이런 완벽한 개방감을 가진 공간이 등장한 데에는 합리

† 일본 집의 개방적인 모습

적인 이유가 있다. 풍토 때문이다. 일본의 여름이 낳은 산물이다. 더위와 결합한 습기를 머금은 몬순의 대기는 분명 생명을 기르는 축복이다. 삼복증염의 여름이 만상을 생육하고 가을에 풍년이 들면 주체할 수 없을 정도의 곡물을 수확할 수 있다. 문제는 이 축복이 저주도 몰고 온다는 사실이다. 철제기구들이 녹슬고, 목가구가 부식하고, 이부자리는 눅눅해지더니 각종 벌레와 균이 들끓는다. 수확을 목전에 둔 농작물이 폭우, 폭풍, 홍수, 태풍에 속절없이 쓰러지고 가축이 둥둥 떠다니며 새벽에 밀려드는 토사에 일가가 참혹하게 생매장당하기도 한다. 더위와 습기 - 또는 불과 물 - 가 서로 합을 이루어 벌이는 몬순의 드라마는 참으로 극적이다. 득의양양 파안대소하다가도 창자가 끊기는 절규의 순간으로 일순간 내몰린다.

　일본의 여름은 이 몬순의 정점이다. 더운 것은 참을 수 있다. 습도만 낮다면 말이다. 덥다고 느끼면 잠깐 그늘로 숨으면 그만이다. 365일 볕이 충만한 '영원한 정오'의 나라, 그리스가 좋은 예다. 덥기는 하지만 그늘로 들어가면 제법 서늘하기까지 하다. 하지만 더운데 습하면 이야기가 완전히 달라진다. 대기의 질이 다르다. 그늘로 숨어 들어 갔다고 끝나는 것이 아니다. 경계를 뚫고 비정하게 후벼 파고드는 습한 공기의 검질긴 손아귀에서 결코 벗어날 수 없기 때문이다. '후덥지근하다'라는 말이 있지만, 이 말만 으로는 괴로움을 다 표현할 수 없다. 형언할 수 없는 찐득찐득함이 겨드랑이, 허벅지, 등골, 발가락 등 곳곳을 빈틈 없이 파고든다. 그리고 보면 목욕을 자주 하고, 신발을 벗고, 발가락이 갈라진 양말을 신는 것은 다 이 지긋지긋한 습기가 만들어낸 문화인 것이다. 이러다 보니 일본 주택의 모든 초점은 여름을 수월하게 나는 데에 맞추어졌다. 덥고 습한 공기를 빨리빨리 빼내는 것이 절명의 과제였다. 겨울에는 얼어 죽지 않을 정도면 됐다. 히바치(火鉢)를 가운데 두고, 담요를 나누어 덮으며 옆 사람의 체온으로 겨울을 이겨 낸다. 히노키(檜木) 욕조에 들어가 몸을 푹 담그고 난 후, 추위를 잊을 만해지면 이불을 뒤집어쓰고 잠드는 생활습관도 겨울을 나는 데에 도움이 되었다. 서늘한 일본의 집과 온돌을 설치한 한옥을 비교하며 우리 선조의 위대함을 은근히 드러내는 것은 실은 번지수가 틀렸다. 일본의 집은 겨울이 아니라 여름에 맞춰져 있다.

방과 방이 얇은 스크린으로만 구획되었다는 것은 사생활을 금과옥조이자 불문율로 여기는 현대인에게는 쉬이 받아들이기 어려운 것이다. '희생하며 살았구나'라고 혀를 쯧쯧 내찰 것이다. 하지만 실상은 다르다. 표면적으로는 사생활의 포기로 보이지만 연대의 이득이 크기 때문이었다. 스크린을 열어젖혀 내 방을 다른 방과 이으면 열기를 품은 습한 공기가 빠져나가니 여름을 수월하게 날 수 있는 것이다. 사실 습열지옥(濕熱地獄)의 찐득찐득한 오후 나절이면 누가 먼저라 할 것 없이 가림막을 열어젖혔다. 강요가 아니라 자발적 선택이었다. 와츠지가 이야기한 대로 이런 날 일군의 인간들은 소통 불가능한 타인들의 모임 이전에 - 속내는 모두 같은 - 덥고 습함으로 꽉 채워진 '나'들의 모임이다. 우스운 이야기지만 나는 물론 '나'이고, 부인도 '나'이고, 아들도 '나'이고, 딸도 '나'인 것이다. 풍토의 기운에 사로잡히면 타자 간의 서먹서먹한 낯섦 대신 동병상련의 친밀함이 공간을 가득 메운다. 타인을 바라보는 행위가 거울 앞에 서서 내가 '나'를 바라보는 것과 같다고나

할까? 엑스레이를 찍는 것도 아닌데 상대방의 속까지 훤히 들여다보인다. 완벽한 거리감의 소실이다. 누가 먼저랄 것도 없이 서로 가림막을 열어젖히는 '공동의 조율'이 일어나고, 이 조율을 통해 맞통풍이 탄생하는 것이다.

공동 대응을 위한 연대가 전개되는 주거 내부에는 개인을 위한 궁극적 성역이 존재하지 않는다. 개인이 아니라 가족이 궁극적인 단위로, 서로 신뢰하고 비밀 없이 모여 산다. 닫을 방이 없는 완벽한 열린 공간 속에서 평안함을 느낀다. 가림막을 열고 막힘없이 흘러가면 '엔가와'라고 불리는 베란다에 이른다. 정원 한편에 자리한 물확 위로 대나무 길을 따라 졸졸 떨어지는 고요한 물방울 소리가 들리고, 담벼락 아래 선 수국의 만발한 자태도 눈에 들어온다. 대문을 열고 들어온 순간부터 발동이 걸렸던 여정의 종점이다. '문명의 소란을 피해 안식의 오아시스에 드디어 도달하였구나'라고 느끼는 감격의 순간이다.

혼돈 속의 도시와 오아시스의 안도감을 제공하는 집, 둘은 서로 배타적이고 적대적이다. 한쪽이 번성하고 생기를 얻으면 다른 쪽은 피폐해진다. 문명화의 소란이 거칠고 조

† 일본 주택에 딸린 정원

잡하고 투박하게 표출되는 만큼 내향적이고 평온하고 세련된 공간을 가진 집에 대한 갈망은 깊어져 간다. 서구화의 물결이 원시주의의 황량한 이면을 도심지에 적나라하게 드러내는 만큼, 역으로 안전하고 평온하고 아늑한 거처를 마련하려는 요구는 강렬해진다. 도시와 집, 양자 사이의 대립 속에서 내밀한 집은 영혼의 안식처로 자리매김한다. 하지만 담 너머에는 관심이 없다. 바깥에서는 무슨 일이 벌어지든 뭐가 대수인가? 담장 안에서 벌어지는 일에 영향을 미치지 않으면, 그리고 담장 안의 고요함을 깨트리는 일이 아니라면 굳이 상관할 바 아니다. 어차피 바깥은 지저분하고 요란하고 거칠고 소란스러운 곳 아닌가? 바깥은 문명의 이름으로 야만성과 폭력성을 한껏 분출하고 있다. '도시는 커다란 영혼이고, 영혼은 작은 도시와 같다'라던 플라톤의 명제는 실정을 모르는 허사일 뿐이다. 도시는 영혼의 안식처가 아니라 오히려 영혼을 좀먹는 광야인 것이다.

초여름 날, 그늘진 엔가와에 앉아 높다란 담장을 배경으로 한 정원을 고요히 바라본다. 파란 수국의 다소곳한 자태를 감상하며, 에다마메를 안주 삼아 맥주 한잔을 시원하게 들이키는 순간은 안식을 꿈꾸는 일본인의 전형적인 갈망이다. 하지만 이 감미로운 순간은 무언가를 가리고 있다. 그건 바로 담장 너머에 자리한 황야처럼 거친 도시의 야만성이다.

아홉.

박완서의 집 - 기억의 조타질

　도시는 황량하다. 군중이 밀집한 도심 한가운데인데도 우리는 벌판에 홀로 버려진 것 같은 외로움에 불현듯 사로잡힌다. 시골에서 올라온 촌뜨기가 서울역 앞에 처음 섰을 때의 사변적인 감상을 복기하는 것이 아니다. 사실 황량함과 외로움은 도시가 배양하는 가장 근본적인 정서 중 하나다. 특히 도시가 메트로폴리스로, 혁명적으로 전환된 이후 등장한 인류 공통의 감정이다. 크다고 해도 인구 4만의 폴리스가 2백여만 명을 넘어서는 메트로폴리스로 바뀌던 19세기부터 각인된 경험이다. 황량함과 외로움은 단편적인 개인의 정서가 아니고 메트로폴리스가 길러낸 인간성의 새로운 측면인 것이다.
　북유럽의 한 지성인은 실존론적 건축관을 폈다. 길 잃은 카인 같은 존재가 눈보라 치는 황야를 걷다 창으로 새어 나오는 희미한 불빛을 통해 어디로 움직일지 방향을 가늠하고 '길'을 찾고 문지방을 지나 현관문을 열고 들어가야 방황이 끝난다는 그에게 도시는 황야다. 눈보라 치는 황야다. 한 치 앞도 편히 볼 수 없고, 찬 바람이 쌩쌩 부는 험지에서 헤매다 드디어 쉼터를 발견한다. '집'은 메트로폴리스에서 버틸 수 있게 해 주는 최후의 보루다. 메트로폴리스의 대항체다. '집'이 대단한 영물이라서가 아니라 사실 마땅한 수단이 없어서다. 골리앗과 다윗의 싸움처럼 비례의 불균형이 영 말이 아니다. 그래도 한 낱의 희망이다. 고독하나 초인적으로 '자기표현'을 탐색하는 니체주의자가 메트로폴리스의 정신적 부산물이라면, 상처받은 개인이 거주할 보루인 '집'은 메트로폴리스의 공간적 부산물이다. 효율성을 지상 최고의 가치로 삼고 일말의 거리낌 없이 싹싹 지워 나가는 메트로폴리스에 대항해 두꺼운 망각의 얼음장을 뚫고 기어코 살아 올라오는 기억을 장착한 '의미'의 보고다.

  소설가 박완서 선생도 이런 생각을 했던 것일까? 선생이 기거하던 주택들에는 어떤 '의미'가 담겨 있다. 기억 속 풍경을 재현한다. 한때 지냈던 보문동의 어느 도시형 한옥은 선생이 직접 지은 것은 아니다. 보문동은 한양도성 바로 어깨 너머에 자리 잡고 있다 보니, 새로운 주거지 개발을 계획하고 있던 일제에 의해 1936년 토지구획정리사업지구로 선정되었다. 조선인 개발업자들에게 택지가 분양된 후 1천 호 이상의 도시형 한옥들이 대량으로 지어진다. 선생은 1961년 판박이 한옥 중 한 곳에 평범한 가정주부로 둥지를 틀고, 1981년까지 거주했다. 보문동은 동망봉 동측의 구릉지를 시작으로 성북천까지를 경계로 하며, 남쪽으로는 종각과 청량리역을 잇는 종로와 왕산로, 북쪽으로는 혜화동 고개를 넘어 미아리를 잇는 대로인 미아로 - 현재는 동소문로 - 사이에 끼어 있다. 신설동역에서 성북구청 입구 교차로까지 보문로가 가로지르며 동네를 둘로 쪼갠다. 방사선형으로 뻗어 가는 거대한 신작로와 대략 남북으로 달리는 보조도로는 - 역사적으로 이 도로들은 모두 1936년 일제가 수립한 돈암토지구획정리사업이 집행된 결과다 - 급격히 비대해지는 도시의 흐름을 처리해 내고자 용을 쓴다. 세종로에서 청량리까지 달렸던 전차의 철거, 버스의 활주를 위한 도로 정비, 서울역과 청량리 역을 잇는 1호선 지하철 공사도 '싸우면서 건설하자'라던 1960년대와 1970년대에 벌어진 것이다. 바깥으로 나가면 사방을 두른 메트로폴리스의 교통 인프라가 뱉은 먼지와 소음이 진동한다. 그나마 포근한 골목길을 지나 대문을 열고 들어서면 여지없이 나타나는 하늘로 뚫린 자그마한 중정이 그지없이 반갑고 고맙다. 이 중정은 번잡한 메트로폴리스 속 은밀하고 내밀한 오아시스가 아니었을까?

재미있는 사실은 선생은 이 한옥 마당에 잔디를 심고, 또 마당 주변으로 각종 꽃을 키웠다는 점이다. 어느 해부터 잔디를 심고 가꾸기 시작했는지는 분명하지 않다. 하지만 1979년 어느 신문사 기자가 찍은 사진 한 장으로 유추해 보건대 아마도 1970년대 중반에는 마당이 이미 잔디로 덮여 있었던 것 같다. 요즘이야 마당에 잔디 까는 일이 그리 보기 어렵지는 않으나, 당시에는 흔한 일이 아니었을 것이다. 이 보문동 보금자리를 떠나 방이동 아파트를 거쳐, 말년을 보낼 계획으로 1998년부터 자리를 잡은 곳이 구리시 아치울이었다. 이곳 마당에도 잔디를 심고, 주변에는 매화, 산수유, 살구나무를 심었다. 마당 너머로 개울물이 흐르고, 그 너머로는 밤나무로 뒤덮인 아차산 자락이 눈에 들어왔다. 이 마당이 내려다보이는 곳에 선생의 집필 공간과 침실이 있었다. 선생은 암 투병 중에도 병원이 아니라 이 침실에 머무르다 2011년 눈을 감았다.

아치울 자택의 잔디야 그렇다 치더라도, 보문동의 한옥 마당에 잔디를 심은 것을 어떻게 설명할까? 풀과 꽃이 덮인 한옥 마당을 가진 보문동 자택은 선생이 어릴 적 살던 고향집의 기억을 담아내고 있는 건 아닐까? 선생은 개성에 가까운 박적골이라는 곳에서 유년 시절을 보냈다. 1992년 발표한 『그 많던 싱아는 누가 다 먹었을까』에는 고향에 대한 기억이 세밀하게 묘사돼 있다. 마을 뒷산으로 오르는 길엔 싱아, 삘기, 찔레, 산딸기를 비롯한 들풀과 들꽃이 넘쳐 났다. 된장국에 넣으면 구수한 맛을 내는 보리새우가 방정을 떨며 사는 실개천은 뒷간만 가려고 해도 어김없이 마주쳐야 할 정도로 지천이었다. 보문동 한옥 마당에 새포름한 잔디를 심은 건 이처럼 들풀과 들꽃으로 덮인 마을 뒷산 길을 맨발로 걷던 기억 때문이었다. 아치울 집

마당에 잔디와 꽃나무를 심고 개천을 앞에 둔 이유는 봄날의 어린잎과 보드라운 싱아를 밟고 싶어서였고, 홀로 몽유병 환자처럼 들을 누비다 발견한 수줍게 고개 숙인 은방울꽃이 그리워서였고, 오두방정 떠는 도톰한 보리새우를 건져 올리던 실개천이 눈앞에 꿈틀거리기 때문이었다. 잔디와 꽃나무와 개천은 모두 다 고향 풍경의 그림자들이다.

발바닥에 느껴지는 보들보들한 촉각! 아스팔트와 콘크리트로 숨을 못 쉬도록 덧발라진 메트로폴리스에서 잃어버린 것의 하나다. 냉혈한 같은 입체 인공구축물로 사방

† 박완서 선생의 자택이었던 보문동 한옥의 마당

이 도배된 도시 안에서 신체를 파고드는 보드라움은 더 생생하다. 살갗에 여과 없이 다가와 심장과 박동하는 촉각은 한결 신선하다. 얄팍한 기호로 치장하고 '의미'를 강요하는 대신, 발바닥에 다가오는 느낌 자체가 신체에 각인된 아련한 그리고 아득한 기억을 부활시킨다. 침전된 퇴적층의 한 조각을 현재의 수면 위로 끌어올리는 것은 머리로 해독하는 정보나 표상이 아니라 신체를 파고드는 지각의 진동이다.

박적골, 보문동, 아치울. 이 삼자 사이에서 기억의 조탁질을 하며 선생은 다작의 생산력 넘치는 작가로 살아갔다. 박적골 고향 집에서는 생물학적으로 태어났고, 보문동 집에서는 작가로 등단했으며, 아치울 주택에서는 생물학적인 삶과 작가로서의 삶을 동시에 마감했다. 물론 이북 땅이라 갈 수 없는 박적골의 풍경이 보문동과 아치울의 풍경과 똑 부러지게 맞아떨어질 수는 없는 일이다. 하지만 서로 완벽하게 일치할 수는 없다는 사실이 오히려 기억에 생명력을 준다. 은유의 대체물을 찾아가는 와중에, 기억은 흐물흐물 살아나 그 명줄을 이어가고, 한 걸음 더 나아가

창조의 동력이 된다. 물 머금은 고운 잔디는 신맛 나는 보드란 싱아가 되고, 하늘을 향해 터진 살구꽃은 그 흰 빛만으로도 응달진 곳에 고개 숙이고 선 새하얀 은방울꽃이 되고, 아차산 자락에서 내려온 물이 잘잘 흐르는 개울은 예닐곱 시절 폴짝 뛰어넘던 실개천이 되어, 기억에 끊임없이 생명의 물질을 해댄다.

보문동 집의 대청마루에 드리운 그늘 안에서 빨래를 개다가 '눈을 가스름히 뜨고' 볕 그득한 마당 잔디밭을 바라보면 때깔이 유별나게 파르스름했을 것이다. 아치울 집에서 집필에 한참 몰두하다가 '눈을 가스름히 뜨고' 창문 너머 바깥을 바라보면 마당 한쪽에 자리한 텃밭의 푸성귀, 풀밭, 꽃나무 그리고 개울이 기이하게 새로웠을 것이다. 박적골의 어두운 뒷간에 오래도록 앉아 있다가 나오는 순간 '눈을 가스름히 뜨고' 다시 발견하는 '텃밭 푸성귀와 풀숲과 나무와 실개천'이 그토록 아름다웠다는 기억을 떠올리며 애틋한 눈물도 훔치지 않았을까? 서울 시민이 깡그리 피난을 떠난 뒤 현저동 달동네에서 바라본 도시의 소름 끼치는 정적과 공허를, 그리고 이념 대결의 틈바구니에서 버러지처럼 대접받았던 시간을 모두 글로써 증언하겠다는 다짐이 『그 많던 싱아는 누가 다 먹었을까』의 주제일지도 모른다. 하지만 이 소설은 간간이 이제는 갈 수 없어 가슴이 더 아린 그리운 고향 풍경을 절절하게 묘사하고 있다. 그러기에 이 작품은 전후 단시간에 메트로폴리스로 변모해 간 서울이 거침없이 지워 가는 풍경의 황량함을 상쇄하려는 유약한 한 개인이 남긴 저항의 흔적이기도 하다. 전차 궤도를 걷어내고 도로를 확장하고 지하철을 만드느라 날마다 파헤쳐지는 메트로폴리스의 요란함, 소음, 뇌진 속에서 들풀, 들꽃, 개울, 버러지가 지천이라서 입가심할 것도 많고, 향기와 색깔과 소리가 오감을 빈틈없이 채우는 충만한 세상을 그리고 있다. 잔디 덮인 내밀한 보문동 한옥 마당이 열어 주었던 충만함 속에서 박적골의 기억을 떠올리며, 평범한 가정주부는 소설가로 환골탈태한 것이다. 1982년생 김지영 씨의 독백처럼 이제 다 끝난 것 같은 불혹의 나이에 말이다.

열.

승효상의 집 - 마당 노스탤지어

　1992년 준공되어 수년간 건축학도는 물론 일반인의 관심을 사로잡았던 주택이 하나 있다. 승효상이 설계한 〈수졸당〉이라고 이름 붙은 집이다. 건축주는 유홍준이다. '세상이 졸렬하게 보는 것을 오히려 지키는 집'이라는 의미의 '수졸당(守拙堂)'은 조선시대 어느 한옥의 당호를 건축가 - 어쩌면 건축주 - 가 1990년대에 다시 소환한 것이다.

　집의 구성은 독특하다. 마당을 먼저 거친 후에 대청으로 올라서고 방으로 들어가는 순서가 아니다. 대문을 열고 나면 왼편에 문방(文房)이 하나 나타나고 나지막한 담장이 막아선다. 다시 현관문을 열고 내부로 들어간 후 좌측으로 틀면 거실이 나타나고 그 거실에서 바라보면 마당이 눈에 들어온다. 순서가 뒤바뀐 것이다. 마당을 숨겼다가 맨 마지막에 극적으로 내어놓는다.

† 거실에서 바라본 〈수졸당〉 마당

집 전체를 감도는 분위기는 고요하다. 심심한 앞집 후면 벽은 마치 의도된 배경처럼 고즈넉하고 고요한 느낌을 자아낸다. 동귀틀 사이에 마루청을, 틈을 벌려 깐 마당에는 감나무 한 그루가 심겨 있고, 의자 한 개 그리고 옹기 연가(煙家)가 컴포지션 요소처럼 정교하게 놓여 있다. 우물 안에 일부러 빠져들어 간 것 같다. 논현동 주택가의 풍경도 사라지고 소음도 사그라들고 없다. 오직 하늘에서 떨어지는 빛과 살랑거리는 바람, 그리고 가끔 들이칠 비가 마당을 메운다. 세죽의 미세한 흔들림도 이제 눈에 들어온다. 순수감각의 무대 같다.

가구 배치도 안에서 마당을 바라보는 고즈넉한 느낌을 더해 준다. 거실 전면 창은 바닥까지 시원스레 뚫리고, 거실 바닥은 마당에 깔린 마루청의 높이와 거의 같다. 낮은 마당에 기단을 쌓고 다시 걸터앉을 만한 틈을 띄어 대청이나 방을 놓았던 한국 전통 건축에서는 보기 드문 장면이다. 실내와 실외의 바닥 높이를 거의 동일하게 맞춘 것으로, 빗물이 들이칠 일이 없는 사막에다 건물을 짓는 방식 - 물론 수졸당의 경우 마루청 밑 동귀틀 아래 자리한 지면으로 빗물은 빠져나간다 – 과 흡사하다. 대청이나 사랑방에 올라앉아 마당을 도도하게 내려다보는 대신, 거실과 마당을 잇는 시원스러운 한 판이 만들어진 것이다. 거실 전면 창 앞에는 선비의 문방사우 중 필묵을 보관하던 기다란 연상(硯床) 하나가 단출하게 놓여 있다. 서랍 위아래, 좌우는 넉넉하게 비어 막힘없이 마당 풍경으로 시야를 이끈다. 상판에 진열된 백자 태항아리를 비롯한 소소한 단지들은 마당의 감나무 아래 놓인 옹기 굴뚝과 조응한다. 가부좌를 틀고 앉아 마치 미술관 벽에 걸린 2차원의 그림을 보듯 3차원의 마당을 본다.

그림처럼 바라다보이는 마당이다. 전면 창의 모퉁이에 유리문이 있긴 하나 주인장이 실제로 몇 번이나 나가려는지 모르겠다. 사실 현대인의 삶이라는 것이 굳이 마당에 나갈 필요가 없다. 큰딸이 결혼한다고 잔치를 벌일 일도 없고, 노부모의 장례를 치를 일도 없고, 타작은 고사하고 고추를 내다 말릴 일도 없으며, 빨래도 어차피 집 안에서 해결하니 빨랫줄을 걸 까닭도 없다. 아이라도 있다면 나가서 가끔 뛰어놀 법은 하다. 하지만 전반적으로 적막하

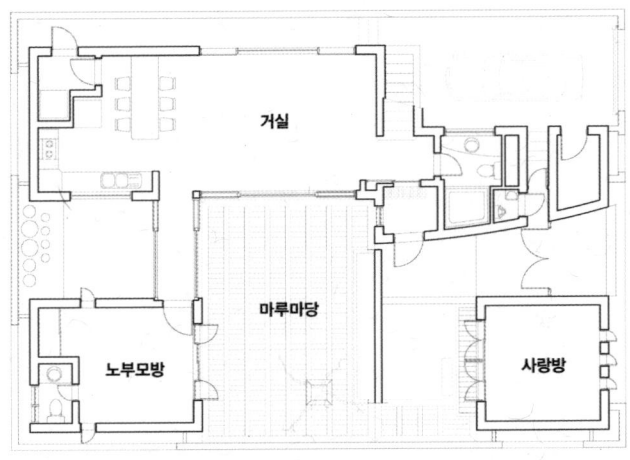

† 〈수졸당〉 평면도

다. 마당을 채울 삶의 콘텐츠가 없다. 불과 반세기 사이에 우리는 너무나 빨리 변하였다. 이를 솔직하게 반영한 것일까? 건축가 승효상은 마당을 통과하지 않고 집 안으로 들어오고, 그 후에야 마당이 보이도록 배치하였다. '바라보는' 특권을 누렸던 조선의 선비를 상상하며, 바라보기에 부족함이 없도록 기물, 나무, 앞집의 벽을 활용해 세심한 컴포지션을 만들어낸 것이다. 마당을 나다니는 것은 선택이다. 이 시대의 선비 유홍준이 가부좌를 틀고 앉아 - 실제로는 거실 안쪽 벽을 따라 놓인 소파에 앉거나 아니면 바닥에 앉아 소파로 등을 받친 자세일 것 같다 - 바라다보는 관조의 마당이다.

〈수졸당〉 마당의 관조적 성격은 다른 주택 한 채와 비교하면 더 명징해진다. 〈수졸당〉이 완성되기 17년 전, 전 세계의 건축학도를 감동시킨 주택 한 채가 오사카 남쪽 지역 스미요시에 자리한 좁고 기다란 필지에 들어섰다. 이 집은 〈아즈마 주택〉이라고 불리고, 건축가는 타다오 안도다. 폭 3미터, 길이 14미터의 세장한 필지를 정확히 삼분할하여 가운데를 비워 마당으로 만들었다. 바닥에 은회색 화강석을 깔고 2층에는 두 방을 잇는 90센티미터 폭의 다리를 놓았으며, 한쪽에 좁은 계단이 자리 잡고 있다. 마당은 물론 하늘을 향해 열려 있다. 억지스럽다. 한 평이 아까운데 한가운데를 비워 억지스럽게 끼워 넣은 마당 때문에 하는 말이다. 남은 땅으로 필요한 실들을 집어넣으려다 보니 공간들이 옹색해진다. 이층집인데도 화장실은 달랑 하나뿐이다. 1층 다이닝과 부엌이 있는 칸의 뒤편에 붙어 있어 여간 불편한 것이 아니다. 방에서 잠을 자다 오밤중에

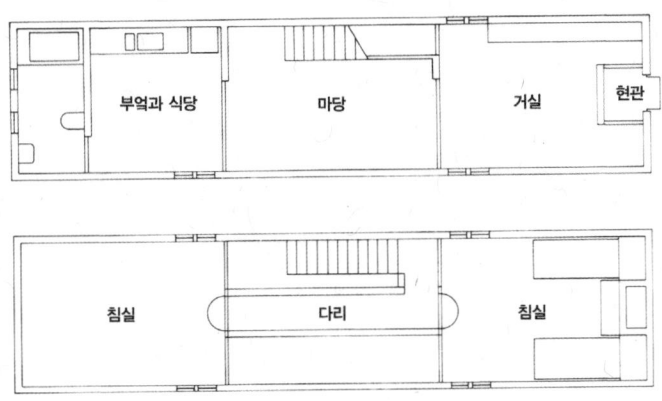

† 타다오 안도의 〈아즈마 주택〉 평면도와 마당

소변을 보러 가려고 문을 열어젖히니 장마철이라선지 난데없이 소나기가 들이닥친다. 황급히 우산을 꺼내든 후 다리를 건너고 계단을 내려가 다이닝룸 문을 열고 우산을 접고 다시 안쪽 깊은 곳에 자리한 화장실로 가서 2분 남짓 일을 본다. 일을 마친 후 다시 우산을 펴고 바깥으로 나와 계단을 오르고 다리를 지나 방으로 되돌아온다. 험난한 여정이다. 우산이 못 막아준 들이치는 빗물로 어깨와 바짓가랑이가 다 젖어버렸다. 이제 잠은 다 잔 꼴이다. 무지막지한 폭력이다. 건축가의 친우였다는 건축주는 알고도 이렇게 설계하도록 내버려둔 것일까? 굳이 마당을 두려고 필지를 낭비하는 대신 2층에도 화장실을 하나 더 넣어주면 될 일을…. 안도가 심했다는 생각이 든다.

하지만 교훈이 하나 있다. 이 집에선 마당으로 나가거나 통과하는 것은 선택이 아니라 필수다. 아침에 일어나 밥 먹으러 갈 때도, 빨랫감을 들고 아래층으로 내려갈 때도, 자녀 방으로 가고자 할 때도, 단장을 마치고 출근할 때도 어김없이 지나가야 한다. 장대비가 쏟아져도, 가차 없이 작열하는 땡볕 아래에서도, 뼛속이 시리는 엄동설한에도 일말의 여지없이 마당은 자기를 통과하라고 요구한다. 물론 식탁에 앉아 차 한 잔을 음미하며 마당을 훑는 빗줄기를 바라보는 감미로운 관조의 순간은 존재한다. 하지만 관조 대상으로써의 마당보다 더 중요한 것은 점유 대상, 즉 생생한 삶의 터전으로써의 마당이라는 사실이다. 이불을 걸어 멸균하고, 벽에 드리운 그늘에서 허리를 펴 주며 심호흡을 하고, 다리가 삐걱거리는 의자를 고치기도 한다. 어항 같은 내부 공간에 갇혀 살면서 망각한 풍토의 존재를 마당은 매일 새롭게 열어젖힌다. 마당을 점유하는 것이 〈수졸당〉에서는 선택 사항이라면, 〈아즈마 주택〉은 필수 사항이다.

내밀한 관조의 대상이 된 마당, 이 마당은 어떻게 탄생한 것일까? 건축가 그리고 건축주의 지극히 개인적인 판단이나 취향의 산물일까? 피난민들이 모여 살던 부산의 구덕에서 나고 자란 승효상이 1970년대 초 상경하여 〈수졸당〉을 완성한 1990년대까지는 서울이 거침없이 압축성장을 하며 환골탈태해 가던 시절이다. 문명의 요람으로 탈바꿈하고자 하는 메트로폴리스는 사실은 투박한 원시주의가 난무하는 황량한 사막 같은 곳이다. 1969년 3월 말, 수표동의 도시 한옥 중정에서 올려다보는 풍경이 이 황량함을 증언하고 있다. 난데없이 나타나 하늘을 가리는 삼일고가도로의 어둡고 거대한 복부는 인프라의 확충을 지상 최고 목표로 삼고 돌진해 나가며 삶의 터전을 가차 없이 망가뜨리는 메트로폴리스의 횡포를 여실히 보여준다. 역사의 진보를 향한 투쟁으로 풍경은 더욱 황량해졌다. 현대

† 1969년 촬영된 청계고가도로 공사 현장

사의 분수령인 광주민주화운동의 불꽃이 여전히 타들어 가던 때였다. 끝나지 않은 군부독재를 향한 저항은 도심 곳곳에서 이어졌다. 〈수졸당〉이 선 강남 논현동은 살짝 비켜서 있었다고 치더라도 서울역 앞이나 종로, 각지에 박힌 대학가 앞에서는 돌멩이와 보도블록 쪼가리들이 바닥에 어지러이 널려 있었고, 매콤한 최루탄 가스가 가득한 대기는 행인의 코와 눈을 괴롭혔다.

이 황량한 도시를 배경으로 설정하지 않고서 〈수졸당〉의 우물 속처럼 고요한 '바라보는 마당'을 제대로 이해할 수 있을까? 〈수졸당〉을 설계할 즈음에 승효상은 서울을 이지러진 볼륨과 추잡한 색채로 가득한 혼란스러운 곳이라고 탄식했다. 다소 과장이 섞여 있는지는 모르지만 틀린 말은 아니다. 조악한 메트로폴리스에서 살아남으려는 개인을 위해, 사무엘 베케트의 〈고도를 기다리며〉를 연상시키는 미니멀한 무대를 닮은 – 텅 빈 무대 위에 나무 한 그루와 빈 의자가 덩그러니 자리한 구성이다 – 마당을 만들었다. 이 부조리극이 초연된 때가 1953년이다. 전후 동서양 모두 메트로폴리스라는 공동의 도시 조건 속에서 혼돈,

상실, 고독을 경험하는 개인들이 부지기수였던 모양이다. 황량한 메트로폴리스가 배양한 메마른 마음은 일종의 시대성이었다. 바라보는 마당을 만들어낸 〈수졸당〉의 내밀한 이미지에 많은 이가 열광한 것도 이 때문이다. 오아시스인지 도피처인지 모르나 황량한 마음을 치유해 줄 것 같은 순수 감각의 무대에 매료되었던 것이다.

정의와 도시 (상)

아테네에서 프렌치 카페까지
모여 살기의 풍경

1판 1쇄 인쇄 | 2025년 7월 5일
1판 1쇄 발행 | 2025년 7월 20일

지은이   백진

펴낸이   송영만
책임편집 송형근
디자인   오정원
마케팅   임정현

펴낸곳   효형출판
출판등록 1994년 9월 16일 제406-2003-031호
주소   10881 경기도 파주시 회동길 125-11
전자우편 editor@hyohyung.co.kr
홈페이지 www.hyohyung.co.kr
전화   031 955 7600

ⓒ 백진, 2025

ISBN   978-89-5872-242-7 (04540)
         978-89-5872-241-0 (04540) (세트)

이 책에 실린 글과 사진은 효형출판의 허락 없이 옮겨 쓸 수 없습니다.

값 19,000원